L'intelligence des bébés

Dans la série Enfances

Paule AIMAR	*Les Débuts du langage chez l'enfant*
Jacques CHAZAUD	*Précis de psychologie de l'enfant*
Myriam DAVID	*L'Enfant de 0 à 2 ans*
	L'Enfant de 2 à 6 ans
Jean-Marie DELASSUS	*Le Sens de la maternité*
Michelle ERENA et al.	*Lire à la maternelle*
Pierre GALIMARD	*L'Enfant de 6 à 11 ans*
	L'Enfant de 11 à 15 ans
Roger LECUYER	*L'Intelligence des bébés*
Jacqueline PEUGEOT	*La Connaissance de l'enfant par l'écriture*
Michel ROTA	*Communiquer avec l'enfant*
	18 - 25 La Postadolescence et ses problèmes
Aletha SOLTER	*Comprendre les besoins de votre enfant*
Jean-Pierre THOMASSET	*Accueil et éveil du jeune enfant*

Roger Lécuyer

L'intelligence des bébés

DUNOD

ISBN 2 10 003111 2

Table des matières

Introduction

Le bébé est devenu une vedette. La télévision, la grande presse, les magasines spécialisés s'en sont emparés. On peut se demander pourquoi, comment, et quelles sont les conséquences potentielles de cet état de fait. On peut aussi s'interroger sur le bien-fondé de ce que raconte la presse. C'est évidemment à ce type d'interrogation que se livrent les parents qui n'ont comme choix que de croire au discours sensationnaliste et simplificateur des médias ou de se pencher sur les livres quelque peu austères des spécialistes qui pinaillent pendant des pages sur des questions qui n'intéressent probablement qu'eux.

L'idéal pour sortir de ce dilemme affreux, c'est un livre écrit par un spécialiste pour le grand public, et en particulier pour les parents. C'est précisément l'ambition du texte que vous avez entre les mains. C'est avec l'objectif de donner des réponses simples, mais pas trop fausses que cet ouvrage a été écrit.

Les parents se posent des questions. C'est donc sous la forme d'une série de questions… et de réponses (ou parfois de tentatives de réponse) que se présente cette réflexion. Commençons donc par les réponses que l'on peut apporter aux premières questions posées ci-dessus.

La première est celle de l'importance sociale du bébé dans notre monde moderne. À quoi est due cette importance? La réponse tient à mon sens essentiellement dans deux faits statistiques – la diminution de la natalité et de la mortalité – et dans un fait scientifique – les fantastiques progrès de notre connaissance des activités cognitives des bébés dans les vingt dernières années.

Diminution de la mortalité infantile : on ne s'attache pas de la même manière à un enfant qui a une chance sur deux de dépasser deux ans (comme c'était le cas en France il y a un siècle et comme c'est encore le cas dans certains pays du tiers monde) et à un enfant qui a toutes les chances d'atteindre un jour quatre-vingts ans. Diminution de la natalité, qui, dans tous les pays, suit de près ou de loin la diminution de la mortalité. Le resserrement des familles sur un petit noyau a augmenté l'importance sociale des enfants, d'autant plus que le développement des moyens contraceptifs fait qu'ils sont de plus en plus des enfants désirés, voire planifiés, du moins dans les pays occidentaux. Les seuls ratés qui restent dans la planification concernent les cas de stérilité, et les joyeuses surprises de l'éprouvette capable de quadrupler brutalement le nombre de membres de la famille, ce qui fait vendre des journaux et déprimer les parents.

Quant au troisième facteur, il est précisément l'objet de ce livre. Il n'est pas exagéré de dire que dans les vingt à trente dernières années, il s'est produit une révolution dans nos connaissances sur les bébés, et dans la conception que nous avons des premiers mois de leur développement. Ce changement est essentiellement dû à l'utilisation de nouvelles méthodes d'étude. Les chercheurs ne se sont plus contentés d'observer les bébés, ils se sont mis à leur proposer des situations standardisées pour comprendre leur fonctionnement intellectuel (ou, si l'on préfère, cognitif). Certaines de ces situations seront sommairement décrites dans ce livre.

Quelles sont enfin les conséquences de ces connaissances nouvelles et de leur diffusion ? Il est difficile d'apporter une réponse précise à cette question. Il faudrait avoir les moyens de savoir si réellement les bébés sont, comme on le dit souvent, plus éveillés qu'autrefois, si le regard et l'attitude des parents a réellement et profondément changé, si ce changement a eu des conséquences sur le développement des enfants. Les contacts que nous avons dans notre laboratoire avec les parents qui viennent nous voir montrent une grande diversité de connaissances et d'attitudes, un grand intérêt et une grande curiosité pour nos recherches, mais aussi parfois une certaine angoisse devant les incertitudes pas toujours glorieuses de l'éducation. L'idée que les parents peuvent beaucoup pour le développement des bébés est évidemment plus stimulante mais aussi plus inquiétante que l'innéisme classique qui conduisait à penser que la bonne dose de nourriture et de soins avec beaucoup d'amour était la meilleure, et même la seule recette. Ces idées nouvelles évitent sans doute de faire des bêtises, par exemple celle qui consiste à maintenir le bébé dans le splendide isolement de sa chambre, mais elles peuvent conduire aux bêtises inverses de la sur-stimulation.

C'est pour tenter de mieux répondre aux questions de ces parents que nous côtoyons, et de ceux qui ne viendront jamais nous voir mais se posent les mêmes questions que ce livre est écrit. Dans la perspective de vulgarisation qui est la sienne, on ne donne pas, pour chaque fait avancé, l'ensemble des moyens mis en œuvre pour justifier les affirmations et les références bibliographiques dans lesquelles on trouvera la description des recherches, mais le lecteur qui souhaite approfondir la question et exercer un esprit critique par rapport à ce qui est affirmé ici sans démonstration trouvera dans les réponses aux premières questions un aperçu des méthodes utilisées pour pouvoir mettre en évidence ce qui est ici présenté. Le lecteur plus exigeant trouvera aussi à la fin de l'ouvrage, une bibliographie certes sommaire, mais débouchant elle-même sur une bibliographie plus vaste.

Rappelons pour terminer cette introduction une chose qui va sans dire. Les connaissances sur les bébés constituent un beau territoire, certes, mais l'étendue de notre ignorance, ajoutée à la somme de nos approximations tient une place bien plus considérable encore. Pour certaines questions, dont la légitimité n'est pas en cause, il sera fait état autant des limites de nos capacités à répondre que des réponses elles-mêmes.

La structure de l'ouvrage en questions-réponses permet une lecture dans un ordre choisi par le lecteur, mais l'ordre des questions n'est pas aléatoire, et une lecture effectuée de manière linéaire garantit une meilleure compréhension.

1
Comment les chercheurs savent-ils tout cela ?

La question est évidemment de la plus haute importance, puisque ce qui en dépend est tout simplement la crédibilité des affirmations des « spécialistes ». Deux réponses peuvent être faites à cette question. La première (qui sera ici traitée en second) est technique. Les chercheurs utilisent en effet un certain nombre de procédures qui leur permettent de faire des inférences sur les processus psychologiques mis en jeu par les bébés dans les situations qui leur sont proposées. La seconde, par laquelle je commencerai, est plus épistémologique ou si l'on préfère plus philosophique dans la mesure où la réponse proposée interroge aussi celui qui pose la question.

« Nous sommes tous psychologues » a écrit… un psychologue, et en effet, dans la vie quotidienne, chacun d'entre nous exerce une forme de psychologie qui lui permet en particulier de prévoir un certain nombre de réactions de l'entourage à des circonstances particulières. Ainsi est-il hautement souhaitable de faire un bon pronostic sur les réactions du patron quand on arrive en retard ou du conjoint quand on a raté un plat. Cette obligation d'exercer une psychologie de la vie quotidienne et la diffusion dans les grands médias de certains articles de « psychologie » font que tout un chacun se sent compétent dans un domaine dans lequel les spécialistes seraient seulement des gens un peu plus compétents, mais possèderaient un savoir de même nature, issu de l'expérience quotidienne dont ils sauraient un peu plus que la moyenne des gens tirer les leçons.

De ces conceptions peuvent être tirées plusieurs conclusions, implicites ou explicites. La première est que l'on naît plus ou moins psychologue. Du coup, la question posée ici peut se lire sous la forme : « Moi, j'ai le sentiment d'être plutôt psychologue, à vous de me convaincre que vous l'êtes plus que moi et que ce que vous affirmez est valide. » La deuxième conclusion est que la connaissance résulte d'une part, de mystérieuses capacités innées et d'autre part, de l'observation du quotidien, en quelque sorte bien faite, puisque ce sont des gens un peu plus psychologues que les autres qui l'ont faite. La troisième conséquence est qu'il est toujours loisible à chacun de trier dans les connaissances contenues dans un ouvrage de psychologie en fonction de ce que l'on pense. Ainsi, si l'on veut pousser au bout cette logique, les connaissances en psychologie se divisent en deux grandes catégories : les premières, avec lesquelles je me sens bien, présentent un intérêt toutefois limité, puisque ma grand-mère me l'avait déjà dit et qu'il n'est pas nécessaire d'être professeur des universités pour trouver cela. Les secondes, qui me dérangent, et qui par conséquent sont fausses, puisque je ne suis pas d'accord et que (*cf.* ci-dessus), je suis psychologue. Tel est en tout cas le raisonnement que l'enseignant que je suis rencontre souvent chez les nombreux étudiants en psychologie.

La réalité du travail du chercheur en psychologie est tout autre. La recherche est en effet fondée essentiellement sur une démarche expérimentale, comme dans la plupart des autres disciplines scientifiques. D'autres démarches de recherche sont aussi utilisées, comme par exemple les questionnaires ou ce que l'on appelle la méthode clinique. À titre d'exemple, les premiers tests pour bébés (sur lesquels je reviendrai plus en détail, *voir question* « Peut-on savoir très tôt si le petit fera Polytechnique ? ») comportaient des questions posées aux parents, parce que bébé n'est pas forcément au mieux de sa forme quand on lui fait passer le test, et que les parents peuvent avoir remarqué des performances qui, pour être relativement rares, n'en sont pas moins hautement significatives pour le développement de l'enfant.

Malheureusement, il est connu depuis bien longtemps que les réponses aux questionnaires sont autant le fruit des désirs que des réalités, ce qui les rend particulièrement peu fiables. Quant à la méthode clinique, il est important de préciser qu'elle n'a pas pour but premier la recherche, et donc la production de connaissances nouvelles, mais la connaissance d'une personne particulière, le plus souvent dans une perspective thérapeutique. Cela ne veut pas dire que des connaissances nouvelles ne peuvent pas être apportées par des psychologues cliniciens. La connaissance approfondie d'un petit nombre de cas ayant des points communs permet de dégager des lois ayant un certain degré de généralité. Sur ces bases, le clinicien peut ensuite tester sur des situations ou des personnes nouvelles le degré de généralité des lois dégagées. Le problème du psychologue clinicien cherchant ainsi à tester son hypothèse, c'est qu'il existe dans les situations qu'il observe un grand nombre de facteurs qu'il ne peut contrôler et qui peuvent éventuellement jouer un rôle important. Ainsi, si son hypothèse ne semble pas vérifiée, ce peut être parce que ce qui semblait comparable ne l'est pas, que les rapprochements et les comparaisons souhaités ne sont pas possibles.

L'exemple des connaissances sur le bébé en est un témoignage particulièrement net. Si l'on essaie de voir comment ont été acquises les connaissances actuelles, on constate que l'expérimentation est la plus importante source de connaissances. Cela ne veut pas dire que les autres méthodes sont sans intérêt : elles permettent de susciter des hypothèses que l'expérimentation permettra de tester, elles peuvent aussi s'appliquer dans des domaines où des considérations éthiques évidentes interdisent une expérimentation. On ne placera évidemment pas un bébé volontairement dans une situation de carence affective, pour voir quel effet une telle carence produit sur son développement. Le clinicien, lui, repérera dans les désordres de l'enfant ou de l'adolescent qui vient le consulter les conséquences de cette carence affective précoce que le milieu familial aura éventuellement produite. L'urgence thérapeutique l'emportera alors sur l'impératif de recherche. L'objectif primordial de la méthode clinique n'est pas la connaissance mais la thérapeutique.

À titre de comparaison, les deux grandes méthodes que l'on trouve en psychologie correspondent assez bien à la différence entre biologie et médecine : les prix Nobel de médecine ne sont pas des médecins, mais des biologistes. Quand on est malade, il est pourtant conseillé d'aller chez le médecin.

Ces considérations aussi préalables qu'importantes étant faites, voyons de plus près à quoi peut ressembler une expérience avec des bébés. Je me souviens de la réaction d'une informaticienne à qui j'avais dit que je faisais des expériences avec des bébés. J'ai tout de suite vu dans son regard la surprise et l'horreur que l'on peut éprouver quand on s'aperçoit que l'homme avec qui on discute de manière affable depuis dix minutes est un authentique bourreau nazi ! Chez les parents que nous contactons par courrier et téléphone pour leur demander s'ils accepteraient que leur progéniture participe à une expérience, nous rencontrons parfois (mais pas toujours) une réaction équivalente. Elle prend alors la forme d'une inquiétude plus discrète et de nombreuses questions posées au chercheur, dont la plus importante est : « Est-ce que je serai à côté de mon petit pendant l'expérience ? » La réponse est oui. Enfin, chez nos collègues psychologues dont les recherches ne portent pas sur les bébés, la même inquiétude prend une forme plus sarcastique : « Toi aussi tu tortures les bébés… »

Voyons donc comment nous torturons les bébés. Une condition absolument indispensable est de s'assurer leur coopération, et même de les séduire. Si cette condition n'est pas remplie, ils font savoir rapidement et de manière le plus souvent irrémédiable qu'ils s'ennuient, et l'expérience s'arrête là. Voilà qui limite fortement les possibilités de torture ! Le premier élément de la recette est de demander au bébé de faire quelque chose qu'il sait faire. À la naissance, il sait sucer, il sait regarder, il sait entendre, il sait sentir, il sait toucher. En résumé, son activité est essentiellement sensorielle et la seule activité motrice qui soit réellement performante est la succion… avec toutefois aussi l'activité du muscle cardiaque. C'est sur ces bases que l'on va essayer de voir ce que pensent les bébés.

La méthode la plus fréquemment utilisée et la plus simple s'appelle *l'habituation.* Elle est fondée sur un principe simple et universel. Si vous découvrez un spectacle nouveau un paysage ou un tableau par exemple, vous le regardez une première fois longuement, puis vous détournez votre regard. Vous y reviendrez ensuite, mais moins longtemps que la première fois. Par la suite, à chaque fois que le même spectacle se présente, vous jetterez simplement un coup d'œil, sauf s'il présente des caractéristiques esthétiques exceptionnelles. Et puis, imaginons qu'un élément du décor soit changé. Dans le paysage, un arbre a été abattu, ou bien l'éclairage du tableau n'est plus le même, ou bien dans le domaine auditif où le même phénomène se produit, la version que vous entendez de votre morceau préféré n'est pas celle à laquelle vous êtes habitué. Alors votre attention va être de nouveau attirée et vous allez regarder ou écouter plus longtemps. En résumé, toute différence perçue provoque un regain d'attention. Il en est de même pour les bébés. Cela conduit les chercheurs à présenter aux bébés des situations dans lesquelles la même stimulation, visuelle ou tactile par exemple, est présentée plusieurs fois de suite, afin que l'enfant s'habitue. Quand il est habitué, on lui présente une stimulation nouvelle. Si ses temps de regard ou de tenue augmentent on en conclut qu'il a fait la différence entre les deux stimulations présentées successivement.

Dans le détail, une habituation comporte une suite d'essais. Un essai commence quand le bébé regarde dans la direction de l'image ou de l'objet qui lui est présenté. Il se termine quand le bébé détourne son regard. Tout le problème est de savoir quand on doit s'arrêter, c'est-à-dire quand on peut considérer que le bébé est effectivement habitué. D'un essai à l'autre, la diminution n'est que rarement régulière. On calcule donc des durées moyennes d'essais successifs. Classiquement, on considère que si la durée moyenne des trois derniers essais est inférieure à la moitié de la durée moyenne des trois premiers, le bébé est habitué. Pourquoi une diminution de moitié et non de 25 % ou de 90 % ? Ce choix est relativement arbitraire, mais si l'habituation est trop courte, les bébés ont peu de chances d'avoir retenu les informations pertinentes pour faire la différence qu'on leur demande. Il est peu probable d'obtenir une remontée des durées de fixation. L'expérience ne donnera donc rien. Inversement, si l'habituation est trop longue, les bébés risquent de se lasser et par conséquent de pleurer ou de s'endormir. Là encore, l'expérience ne donne rien. Le critère de diminution de moitié est de fait, le plus souvent, celui qui donne les meilleures chances de résultat puisqu'il est le plus adapté au bébé.

À partir de ce schéma général, plusieurs variantes dans l'organisation de l'habituation sont possibles (variation des objets présentés en habituation, diversité des présentations des objets nouveaux…).

Si elles sont très simples dans leur principe, les expériences d'habituation permettent aux bébés de faire beaucoup de choses. Tout d'abord, ils *peuvent prendre des informations* sur leur environnement, à l'aide de leurs différentes modalités sensorielles (la plupart des expériences portent sur l'habituation visuelle, mais on peut aussi procéder à une habituation auditive ou tactile par exemple). Ensuite, ils stockent cette information dans une mémoire. Sinon, les objets seraient toujours nouveaux pour eux, et la seule limite à leur exploration serait la fatigue. Or il ne s'agit pas ici de fatigue, puisqu'un événement nouveau augmente leurs durées d'exploration. Cette « image » en mémoire, ils la comparent donc ensuite à cet événement nouveau, et ils font la différence. Ils nous l'indiquent par l'augmentation de leurs durées de fixation. Ainsi, si on présente successivement deux objets entre lesquels la différence n'est pas assez grande, il n'y a pas de remontée des durées de fixation. Il s'agit donc à la fois d'une situation qui met en jeu des capacités importantes, mais qui est très simple, dans son principe et dans son déroulement. En laboratoire, nous essayons d'en contrôler le mieux possible les données, mais à la maison, bébé peut très aisément se faire lui-même sa petite habituation portative : je regarde la jolie chose que grand-mère a offert à maman pour que celle-ci la mette au dessus de mon lit, puis j'en détourne le regard, j'y reviens quand je veux et si je veux, même si grand-mère me colle le nez dessus pour me montrer que c'est beau. Je regarde ensuite avec plus d'attention, si le hasard, ou mon père, a accroché mon pyjama à la belle image.

En fait l'habituation pourrait bien être le premier mode d'apprentissage des bébés sur leur environnement, et le plus simple. Ce n'est pas seulement vrai pour les bébés humains. L'habituation est un phénomène très répandu dans la nature.

> À partir de la technique d'habituation rapidement décrite ici, on peut effectuer un certain nombre de variantes. Ainsi, dans la phase d'habituation, au lieu de présenter toujours le même objet, on peut changer d'objet à chaque essai (à chaque fois que le bébé détourne son regard), mais en prenant soin de toujours montrer des objets appartenant à la même catégorie (par exemple des figures géométriques composées de quatre éléments). Quand le bébé est habitué, on lui présente en alternance des objets n'appartenant pas à la catégorie (par exemple

des figures à trois éléments) et des figures appartenant à la catégorie, mais qu'il n'a jamais vues. Dès trois mois, les bébés ont alors un regain d'attention pour les figures hors catégorie, mais pas pour les figures appartenant à la catégorie. Ils semblent les considérer comme familières, ce qui veut dire qu'ils ont généralisé la catégorie présentée antérieurement à un nouvel élément.

Il est également possible d'utiliser une technique proche, fondée sur le constat que généralement, les bébés regardent plus longtemps une situation qui leur paraît étrange qu'une situation normale (là encore, comme vous et moi). Par exemple, on habitue les bébés à une scène où un petit ours apparaît à la gauche d'un écran de télévision, se déplace vers la droite, devant un mur de fond, disparaît un moment derrière une palissade placée devant le mur, réapparaît de l'autre côté, sort par la droite et revient, passe de nouveau derrière l'écran, etc. Ensuite, on enlève la palissade et on alterne des essais « normaux » où le petit ours se déplace en étant toujours visible, devant le mur, et des essais « étranges » où il disparaît à l'endroit où était la palissade, comme un passe-muraille. Bien que cette seconde situation soit la moins nouvelle du point de vue du mouvement effectué, les bébés de trois mois la regardent plus que la situation jugée normale par les adultes. Pour eux aussi, un objet ne peut pas disparaître n'importe où et n'importe quand.

En dehors de l'habituation, une technique relativement utilisée est le *conditionnement*. Par exemple, les bébés de trois ou quatre mois adorent pédaler quand on les met sur le dos. Si l'on installe au dessus du lit d'un nourrisson un portique, avec quatre jolis objets, il le regarde et pédale… modérément. On attache alors un ruban d'un côté à sa cheville, et de l'autre au portique, de telle manière que tous les pédalages du bébé produisent une agitation du portique et des objets suspendus. Bébé se met alors à pédaler furieusement pour obtenir des mouvements du portique. Cette technique a été beaucoup utilisée pour étudier la mémoire des bébés. En effet, quinze jours après, ils pédalent avec moins d'entrain pour les mêmes objets suspendus au portique que pour des objets nouveaux, ce qui indique qu'ils ont gardé une trace du premier en mémoire.

D'autres formes de conditionnement ont été utilisées consistant par exemple à récompenser un bébé quand il tourne la tête dans la direction où on lui demande de le faire, par un « coucou » de sa mère. Mais les recherches utilisant les méthodes du conditionnement sont beaucoup plus rares que celles qui sont fondées sur l'habituation.

Une technique très complexe, mais beaucoup utilisée dans la période néo-natale est la « succion de haute amplitude », où le bébé obtient des stimulations en suçant avec ardeur.

> Les nouveau-nés savent téter, et ils le font pour le plaisir, même si la nourriture n'est pas au rendez-vous. Les parents savent qu'il y a là un bon moyen d'avoir la paix. Si l'on place un capteur de pression au bout d'une tétine, on peut enregistrer l'ensemble des succions. On peut alors, pour chaque bébé, dégager une amplitude moyenne et des variations autour de cette moyenne. On décide alors de présenter une stimulation, sonore par exemple, à chaque fois que l'amplitude est supérieure de 50 % à la moyenne. On s'aperçoit que bébé se met à augmenter l'amplitude de ses succions et obtient donc de plus en plus de sons. Mais les meilleures choses lassent et, peu à peu, il revient à son amplitude moyenne initiale. Si l'on propose alors un autre son, on constate que l'amplitude de succion augmente de nouveau.

Comme l'habituation, la méthode de succion de haute amplitude permet donc de mettre en évidence des capacités de discrimination des bébés.

Et les fœtus ? Diverses méthodes sont utilisées pour essayer de savoir comment leurs compétences se développent. Il y a d'abord les informations qui nous sont apportées par les prématurés. Quand la prématurité n'est pas liée à des complications diverses, ce qui est d'autant plus rare qu'ils sont plus jeunes, on peut supposer que leur niveau de développement est celui qu'ils auraient eu s'ils n'étaient pas nés. Il faut pourtant être prudent dans ce domaine, puisque la naissance n'est tout de même pas un événement mineur de l'existence.

L'invention de l'échographie a été une bénédiction pour les chercheurs qui s'intéressaient aux fœtus. Ils peuvent voir ainsi en direct les réactions à une stimulation. La difficulté essentielle pour eux est de ne pas confondre les effets directs de la stimulation et les effets indirects provoqués par les réactions de la mère à la même stimulation, réactions influençant elles-mêmes le fœtus. Ainsi, pour étudier l'audition du fœtus, on place un haut-parleur sur l'abdomen de la mère, on le recouvre d'une couette chargée d'étouffer les sons, et la mère écoute dans un casque une musique qui lui convient. Une situation agréable l'hiver, mais plus difficile l'été, d'autant plus qu'au bout de deux heures de cette situation, certes pas trop inconfortable, il arrive que les chercheurs disent à la mère que bébé dort et que l'on n'en tirera rien aujourd'hui ! Qui a dit que la recherche, c'était 1 % d'inspiration et 99 % de transpiration ?

2

Ne nous dira-t-on pas demain le contraire de ce que l'on nous dit aujourd'hui ?

Bonne question, à laquelle il est sans doute hasardeux de répondre de manière tranchée. En effet, la conception qu'ont les psychologues du développement de l'intelligence des bébés a beaucoup changé depuis vingt ans, et rien ne nous dit qu'elle ne va pas encore changer. C'est le propre des connaissances scientifiques que de changer en permanence. Alors ? Faut-il désespérer de toute connaissance ? Non.

D'une manière générale, le progrès des connaissances ne consiste que très rarement en une remise en question complète, mais beaucoup plus fréquemment en un affinement des savoirs préalablement acquis. Les révolutions sont rares. Pour prendre un exemple classique, la théorie de la gravité de Newton n'a pas été complètement remise en question, mais simplement affinée par la théorie de la relativité. Toutefois, la psychologie étant une discipline plus jeune, elle est plus sujette à des aléas. L'exemple des idées sur le nourrisson est de ce point de vue instructif. Il s'est en effet produit, il y a une trentaine d'années, une véritable révolution dans l'étude du bébé : on est passé de l'observation à l'expérimentation, et on a su utiliser d'autres indices que le langage (qui amenait à penser que les bébés ne parlant pas ne pouvaient pas penser) et la motricité (qui amenait à sous-estimer leurs performances intellectuelles tant qu'ils ne pouvaient pas manipuler des objets efficacement).

En ce qui concerne le langage, le fait qu'il s'agisse d'un critère de différenciation entre l'homme et l'animal, le fait que l'adulte utilise le langage pour penser, et le fait que le développement de la pensée chez l'enfant soit corrélé à celui de ses performances langagières ont conduit à l'idée qu'il ne pouvait y avoir de pensée sans langage. Il y a maintenant bien longtemps que l'on a montré que des animaux pouvaient résoudre des problèmes difficiles d'une manière intelligente. Les psychologues de l'entre-deux-guerres avaient également bien compris que les bébés n'attendaient pas le langage pour penser. Par contre, ils attribuaient un rôle primordial à la motricité. Il y a à cela deux raisons : la première est que leur méthode de recherche était essentiellement l'observation. Ils observaient donc essentiellement ce qui est observable c'est-à-dire les mouvements moteurs du bébé. La description du développement était d'abord la description des progrès moteurs. Les tests pour bébés, qui datent de cette époque, décrivent largement ce développement. La seconde raison de cette importance accordée à la motricité est plus théorique. Le fait d'avoir une motricité efficace permet de produire des transformations de l'environnement, et ces transformations permettent elles-mêmes la connaissance. Ainsi l'acquisition par les bébés de cinq/six mois de la coordination entre la vision et la préhension serait-elle une étape décisive dans le développement.

Aujourd'hui, on sait mieux poser des questions aux bébés, on sait se passer des réponses motrices globales (on sait même faire des expériences avec des fœtus), on obtient donc des réponses plus appropriées, et on a dégagé le portrait d'un bébé plus précoce. De telles révolutions sont rares et il y a peu de chances pour qu'une nouvelle se produise.

Si l'on examine avec un peu de recul les positions de nos glorieux prédécesseurs, on s'aperçoit qu'ils ont essentiellement péché par excès de prudence. Ils n'ont pas voulu attribuer aux bébés des capacités dont il n'était pas démontré qu'elles existaient, ce qui est tout à leur honneur. Parfois aussi, ils n'ont pas voulu croire ce qu'ils voyaient, tellement cela était étonnant. Un bon exemple de cela est l'imitation néo-natale (un bébé de quelques jours tire la langue si on lui tire la langue). Il a fallu longtemps pour que les psychologues acceptent cette idée. Là encore on ne peut guère leur jeter la pierre. Les idées que l'on avait il y a cinquante ans sur les bébés (parfois comparés de manière peu élogieuse à des légumes) étaient telles que les psychologues de l'époque ont certainement eu plus de mal à persuader leurs contemporains que les bébés avaient une pensée organisée à un an que n'en ont ceux d'aujourd'hui à convaincre que cette organisation de la pensée est déjà très élaborée à trois mois.

Qu'apprendrons-nous dans l'avenir sur les bébés? Il est évidemment très hasardeux de se livrer à ce genre de prédiction, mais le sentiment prévaut chez les spécialistes internationaux que les grandes découvertes ont été faites, et que l'on va simplement affiner les âges d'apparition de certaines compétences et les relations entre ces différentes compétences.

Dernier élément de réponse à la question, ce qui est le plus susceptible de changements, ce ne sont pas les connaissances, mais les conseils aux parents. Tout le problème, dans les conseils aux parents, est de savoir qui les donne et sur quoi l'on s'appuie pour les donner. Il n'est pas nécessaire d'être spécialiste pour penser que l'on peut donner des conseils, qui résultent en général plus de considérations idéologiques que de résultats de recherches, résultats d'ailleurs souvent interprétés de manière partielle, partiale et abusive. On retrouve ici le fait que « nous sommes tous psychologues » et que certains se sentant l'être un peu plus que d'autres donnent des conseils plus issus de leur conception du monde que des connaissances qu'apporte la recherche. Ajoutons que les spécialistes aussi peuvent se tromper. Pour minimiser les risques de mort subite du nourrisson, on conseillait il y a quelques années de coucher les bébés sur le ventre. On conseille maintenant de les coucher sur le dos... Un changement renversant.

Réflexion complémentaire : la recherche décrit généralement ce que font en moyenne les bébés, mais deux des charmes que présentent les chers petits sont précisément la diversité et l'inconstance. Ils changent tellement vite que la recherche est incapable de les décrire individuellement de manière fiable, ce qui serait fort utile pour pouvoir donner des conseils avisés.

Cet ouvrage sera donc prudent en matière de conseils.

3
Connaît-on bien le bébé à tous les âges?

NON. C'EST À L'HEURE ACTUELLE l'un des problèmes de la recherche. Les raisons en sont simples. On connaît assez bien la période néo-natale, malgré les difficultés importantes pour trouver une petite fenêtre d'état vigile permettant de montrer aux bébés beaucoup de choses intéressantes. Plusieurs équipes de recherches sont en effet installées dans des maternités et voient des bébés de quelques heures à quelques jours. Ensuite, il faut soit observer à domicile, et les conditions de standardisation de la recherche risquent fort d'en souffrir, soit demander aux parents de venir au laboratoire, ce qu'ils ne feront évidemment pas volontiers pendant les premières semaines, surtout si c'est l'hiver et si le laboratoire est situé à Montréal par exemple. À partir de deux mois, les choses deviennent plus faciles, et de deux à cinq ou six mois, tout va bien. La majorité des recherches s'effectuent sur cette période. Ensuite arrive un nouveau problème. La plupart des méthodes de recherche (*voir question* « Comment les chercheurs savent-ils tout cela? ») supposent un bébé confortablement assis dans un siège, ou sur les genoux de sa mère, à regarder ou écouter ou toucher ce qu'on lui propose ; une situation qu'aiment beaucoup les bébés jusqu'à cinq mois, mais que ceux de six mois et plus apprécient d'autant moins qu'ils sont plus vieux. À ces personnes dans la force de l'âge, il faut de l'action, et après un an, l'idée de rester assis pour autre chose qu'une bonne nourriture terrestre est exclue par la majorité de la population. Au bout de trente secondes de présentation des images savamment concoctées par le chercheur, on préfère aller voir l'envers du décor.

Les parents, qui n'ont pas le choix, savent à quel point la curiosité est à cet âge aussi insatiable que dangereuse. Les chercheurs sont donc peu nombreux à affronter ces tornades, ou bien ils changent de thème de recherche. Les bébés de la deuxième année sont pour certains d'entre eux en crèche et y nouent des relations sociales qu'il est intéressant de voir se construire.

Ces difficultés d'accès à certaines tranches d'âges et ces orientations de la recherche résultant plus de conditions matérielles que d'impératifs théoriques constituent non seulement une source de lacunes importantes, mais un danger, dans la mesure où l'image d'ensemble que les chercheurs se font du bébé est évidemment plus marquée par les périodes où ils ont des données que par celles où ils n'en ont pas. On peut toujours espérer que l'un des progrès à venir dans les recherches consistera à trouver de bonnes méthodes d'expérimentation s'adressant à ces tranches d'âge méconnues. Il en existe déjà quelques exemples.

4
Le « bébé de laboratoire » est-il un « vrai » bébé ?

La plupart des connaissances que nous avons acquises sur les bébés l'ont été dans ce qu'il est convenu d'appeler des laboratoires. Concernant les bébés, le mot effraie parfois. Cette frayeur ne fait qu'exacerber une opposition que certains, et en particulier certains psychologues, aiment à faire entre des situations dites « naturelles » et des situations « de laboratoire ». Tout le problème serait que le laboratoire fournirait une situation artificiellement simplifiée. En conséquence, ce que l'on observe en laboratoire aurait peu de chance de se reproduire dans un milieu plus complexe, et à la limite, certaines conduites seraient typiques du labo et ne se produiraient jamais ailleurs. En quelque sorte, le sujet de laboratoire serait une culture *in vitro.*

Il y a derrière cette question quelques réalités solides et aussi quelques mythes. Il est vrai par exemple que certaines recherches en psychologie sont faites avec des animaux « de laboratoire » dont les générations successives d'albinos consanguins ont eu le temps d'oublier les comportements typiques de l'espèce. Il est vrai également que de nombreuses recherches sont faites avec un animal bien particulier que l'on appelle étudiant en psychologie, et l'on peut penser que les résultats de certaines recherches sur la résolution de problèmes mathématiques par exemple seraient différents avec des étudiants de classes préparatoires aux grandes écoles. Mais on peut aussi penser que pour beaucoup d'autres recherches, les étudiants en psychologie n'ont rien de particulier.

En ce qui concerne les bébés, je jure que ce sont de vrais bébés qui ressemblent beaucoup à ceux que je peux croiser dans la rue, qui sourient, ou qui pleurent, qui sont en forme ou fatigués, qui coopèrent ou qui nous font savoir tout net leur refus des situations que nous leur proposons.

Si nous examinons plus sérieusement les critiques qui sont faites au laboratoire, elles sont de trois types :

– les situations proposées sont artificiellement simplifiées ;

– les stimulations proposées sont différentes de celles qui entourent les bébés dans leur vie quotidienne ;

– les performances observées, sur une partie de la population, ne correspondent pas à ce que la mère de famille peut attendre de son rejeton.

Il y aurait donc tromperie sur la marchandise.

La première critique est parfaitement justifiée. Quand nous voulons savoir quel intérêt nos bébés vont accorder à une série de figures géométriques que nous leur présentons, ils ont le choix entre ces figures et les parois blanches du box dans lequel nous les plaçons, et nous faisons tout pour qu'il n'y ait pas de bruit dans la pièce. Il s'agit là d'une situation bien particulière, comparable par exemple à celle que l'on produit pour montrer qu'une plume tombe aussi vite qu'un morceau de plomb, ce qui n'est pas vrai dans les conditions usuelles, mais l'est dans le vide. Pour comprendre le réel et en dégager les lois de fonctionnement, il faut simplifier les conditions d'observation et contrôler les observables. Tout le problème est ensuite de ne pas oublier que, en dehors du laboratoire, il y a toujours intervention d'un grand nombre de facteurs simultanément, tellement qu'à sortir du laboratoire, on en perd facilement son latin.

La deuxième critique est beaucoup moins justifiée que la première. J'ai pris volontairement ci-dessus l'exemple des figures géométriques parce qu'on me dit souvent que ce n'est pas « naturel » et ne fait pas partie du milieu de vie du bébé. Je constate au contraire que le bébé des villes passe sa vie dans les formes géométriques, et que le bébé des champs, espèce en voie de disparition en France, en voit beaucoup aussi. La plupart des bébés de ma connaissance couchent dans une chambre aux murs à peu près rectilignes et la quittent pour passer dans d'autres pièces du même type.

Mais là n'est pas l'essentiel. Le point capital, c'est que pour qu'une expérience puisse avoir lieu avec un bébé, il faut au moins que deux conditions soient réunies : la première est de l'intéresser assez, la seconde est de ne pas l'intéresser trop. Tout l'art du chercheur (et c'est un art difficile) est de se situer dans cette zone optimale. Si l'on simplifie outrageusement une situation et que l'on présente à un bébé des choses sans grand intérêt, il manifeste son ennui en s'endormant ou en pleurant, et il est impossible de faire l'expérience. Si on lui présente un joli dessin animé qui le passionne, il se fatigue tellement à le regarder que les durées de fixation, dans la période cruciale du test qui nous intéressent au premier chef, n'ont plus aucun sens. C'est d'ailleurs pourquoi le rythme des « essais » successifs est complètement piloté par les bébés eux-mêmes. En un mot, une séance d'expérimentation avec un bébé, c'est un spectacle. Si le spectacle n'est pas bon, le public crie « remboursez ! ».

Il arrive pourtant que le spectacle soit bon, mais que le spectateur ait un peu trop l'impression d'être au théâtre. Par exemple, dans l'histoire de l'étude de la reconnaissance des visages humains par les bébés, on a commencé par leur montrer des dessins, puis des photos en noir et blanc, puis des photos en couleur, puis des vrais visages… et on a trouvé que cette capacité apparaissait de plus en plus tôt. Dans les premières recherches, en voulant simplifier, on a compliqué la tâche du bébé : l'idée qu'un cercle avec deux points noirs, un trait vertical et un horizontal représente un visage, cela s'apprend, c'est un niveau d'abstraction élevé, alors que le vrai visage peut être vu tout les jours.

La troisième critique est, elle, franchement hors sujet. Il est exact qu'un certain nombre de bébés ne vont pas jusqu'à la fin de nos expériences, alors que d'autres les terminent. Les résultats seraient-ils très différents si tous terminaient ? Je n'en sais rien. Ce que je sais, c'est que pour certains, le simple fait de se trouver dans un lieu étranger les perturbe suffisamment pour qu'ils ne s'intéressent pas à notre spectacle. Je ne vois pas là de raison pour que leurs performances perceptives et cognitives soient inférieures à celles des autres. Ce qui est fréquent également au spectacle, c'est que lorsque le premier acte est un peu long, il y a la queue aux toilettes à l'entracte et tous les spectateurs n'ont pas profité pleinement de la période qui précède immédiatement. Les bébés, non seulement décident du rythme du spectacle, mais placent même l'entracte là où ils le veulent. Il arrive que certains bébés nous rappellent en cours d'expérience qu'ils ont un intestin, mais à ma connaissance, la plupart des bébés en ont un. Enfin, il n'est pas rare non plus qu'une mère gentille et bien intentionnée à notre égard nous dise après une séance où son bébé a plus pleurniché que regardé nos belles images, que cela ne l'étonne pas puisqu'il a eu ses rappels de vaccins la veille ! Nous prenons aussi les bébés vaccinés.

Décrivons-nous un bébé « trop compétent », complètement différent de celui que chacun peut avoir à la maison ? Évidemment pas, mais la maison n'est pas un bon endroit pour mettre en évidence toutes les compétences, et si les chercheurs n'étaient pas capables d'obtenir des bébés plus qu'ils ne font au quotidien, on ne voit pas pourquoi on les paierait. Bien sûr les bébés ne sont pas en permanence au maximum de leur performances. Moi non plus, et vous ?

5

Les bébés sont-ils les mêmes dans toutes les cultures ?

La psychologie se pratique essentiellement dans les pays occidentaux et un peu dans les pays qui furent de l'Est, mais très très peu en Asie et en Afrique. Le sujet humain qu'étudie la psychologie est donc essentiellement blanc, le rat aussi d'ailleurs. Si l'on étudie un sujet jaune ou noir, on fait de l'ethnologie ou à la limite de la psychologie interculturelle, c'est-à-dire que l'on compare ces fantaisies à la norme. Évidemment, ce qui précède est quelque peu exagéré, mais pas totalement sans fondement dans l'histoire de la psychologie. On peut d'ailleurs ajouter que lorsque l'on fait de l'interculturel, c'est dans l'immense majorité des cas en Afrique. Un certain nombre de comparaisons ont donc été faites entre le bébé africain et le bébé européen ou américain. Quelques comparaisons intéressantes ont aussi été faites entre les étasuniens et les autres Américains, en particulier les Indiens de divers pays d'Amérique latine (comme on le sait, ceux des États-Unis sont pour la plupart bons, c'est-à-dire morts). Par contre, les comparaisons avec l'Asie sont plus rares, si ce n'est avec le

Japon, mais le Japon est un pays d'Asie bien particulier. Quant aux comparaisons intra-continent ou entre Europe et Amérique du Nord, elles sont rarissimes.

Deux grands courants se dégagent des ces recherches. Le plus ancien concerne le développement sensori-moteur, tel qu'on peut le mettre en évidence dans les tests pour bébés. La plupart des chercheurs ont montré l'existence d'une avance, parfois considérable, des bébés africains, cela jusqu'à la troisième année où au contraire, les mêmes bébés prennent du retard. Beaucoup de débats ont eu lieu sur l'origine de cette différence dans le décours du développement. La question de la régression souvent brutale des bébés africains est assez simple dans la mesure où cette régression est contemporaine d'un sevrage non moins brutal et dont les répercussions affectives ont évidemment des conséquences importantes sur le développement cognitif. Par contre, la raison de l'avance est plus floue. Les exercices auxquels sont soumis les bébés africains et le portage au dos, qui facilite évidemment plus l'exercice des muscles du cou que ne peut le faire la position couchée fréquente en Occident, fournissent une explication à cette avance. Mais cette explication est insuffisante puisque cette avance est présente dès la naissance. Cela conduit évidemment à l'idée de facteurs génétiques d'autant plus vraisemblables que les bébés noirs américains, dont l'éducation ressemble plus à celle des blancs américains qu'à celle des africains deviennent, plus tard, des basketteurs et des coureurs de cent mètres redoutables. Pourtant, concernant les bébés africains et leur supériorité néonatale, on peut aussi invoquer les exercices qu'ils font avant de naître, par l'intermédiaire des massages du ventre de la mère.

Quoi qu'il en soit, ce qui est apparu très longtemps comme une avance cognitive, à cause de la meilleure réussite aux tests, ne peut plus être traité comme tel puisque l'on sait que les tests pour bébés ne reflètent pas réellement le développement cognitif (*voir question* « Peut-on savoir très tôt si le petit fera Polytechnique ? »). On peut donc se demander si les techniques plus modernes d'évaluation du niveau de développement, fondées sur l'habituation en particulier, montrent une avance ou un retard des enfants africains sur les enfants européens. Nous avons effectué cette recherche avec de petits Parisiens et de petits Abidjanais de plusieurs tranches d'âge, et nous n'avons trouvé aucune différence entre les deux populations. Un résultat négatif ne permet jamais de conclure et une telle recherche n'épuise évidemment pas le sujet. Il est possible que dans l'avenir, des différences soient mises en évidence. Pour l'instant en tous cas, la différence semble être beaucoup plus motrice que cognitive.

Le deuxième courant de recherche, plus développé que le premier, répond moins directement à la question puisqu'il concerne les pratiques de maternage dans les différentes cultures. Ces recherches montrent à la fois une très grande diversité (tant dans les modes d'éducation, les objectifs de cette éducation que concernant les personnes qui la font, diversité liée en particulier aux systèmes de parenté, au taux de natalité, aux cultures et aux conditions matérielles) et un certain nombre de points communs, en particulier dans les attitudes spécifiques des adultes vis-à-vis des bébés (*voir question* « Faut-il parler bébé à bébé ? »).

Le bilan de toutes ces recherches, tel qu'on peut le faire actuellement, est incomplet et ne permet pas une réponse claire à la question posée. Sans aucun doute, nous gagnerions à diversifier les populations étudiées, mais les différences sont évidemment d'autant plus grandes que l'on touche des aspects du développement liés à la culture et à l'organisation sociale. Par contre, sur un certain nombre de mécanismes de base du fonctionnement cognitif des bébés, on ne voit pas très bien pourquoi on constaterait des différences. Les bébés de toutes les couleurs de peau et de toutes les cultures ont deux yeux, deux oreilles, deux mains, un cerveau... Il n'y a pas de raisons de penser que leur fonctionnement perceptif par exemple est très différent, même si ce qu'ils perçoivent l'est. Le fait que la quasi-absence de jouets dans beaucoup de cultures traditionnelles africaines ne soit pas une cause de retard incite en tous cas à méditer sur la variété des moyens disponibles pour arriver à un même développement, et la relativité des bienfaits de la pensée occidentale moderne sur ce que doit être l'environnement du bébé.

6
Le fœtus entend-il, et, si oui, quoi ?

Que les fœtus entendent, toutes les femmes enceintes depuis plus de sept mois le savent, car ils réagissent à des bruits violents, de manière parfois vigoureuse. Mais réagir à de tels bruits et entendre ce qui se passe couramment dans leur environnement sont deux choses différentes. On s'est donc posé la question de savoir dans quelle atmosphère sonore vivait le fœtus, et quelles étaient ses capacités auditives.

La première question est facile à poser, mais il n'est pas facile d'y répondre. Il faut en effet placer un micro dans l'utérus, ce qui n'est pas simple et n'est possible qu'après rupture de la membrane placentaire. Les conditions d'observation sont donc biaisées. Les premières mesures ont donné des évaluations d'un bruit de fond considérable : les fœtus semblaient vivre entre la voie de chemin de fer et l'autoroute, juste dans l'axe de la piste de l'aéroport. Ensuite, on s'est aperçu qu'il s'agissait d'artifices d'appareillage, le bruit du cœur, des poumons et des viscères de la mère étant nettement plus supportable. Un enregistrement effectué dans ces conditions montre d'ailleurs que l'on peut reconnaître une musique, ou comprendre une phrase prononcée lentement et distinctement. Les sons graves et les sons aigus sont privilégiés par ce filtre acoustique, aux dépens des sons moyens. Mais ce qui est le plus audible, c'est la voix de la mère qui n'est pas seulement transmise par voie aérienne, mais aussi par les tissus et les os qui sont de très bons conducteurs des sons.

Concernant les capacités auditives du fœtus, la question n'est évidemment pas simple non plus, et nos connaissances ne sont pas très précises. Nous savons ce que les fœtus ont entendu à ce qu'ils semblent reconnaître à la naissance (voir la question suivante).

Ce dont on peut être sûr, c'est que le fœtus de plus de sept mois entend suffisamment pour être dérangé dans sa tranquillité par des sons intenses, mais aussi pour avoir une certaine familiarisation avec l'environnement sonore dans lequel il vivra après sa naissance, les tissus maternels étant un filtre plus ou moins puissant suivant les fréquences, mais globalement beaucoup plus faible qu'on ne l'avait pensé.

Attention ! Les murs ont des oreilles.

7
Le fœtus a-t-il une mémoire ?

Incontestablement, le récit authentique, fait par un fœtus en retraite, de sa vie intra-utérine, de son quotidien, de ses moments de bonheur et de ses difficultés insoupçonnées des adultes, qui ont décidé une fois pour toutes que c'était le paradis, nous manque, malgré quelques essais littéraires intéressants.

Et pourtant, il est bien clair que les fœtus ont une mémoire, et qu'il s'en servent. Nous avons de cela trois types de témoignages.

1. Le premier est que les nouveau-nés préfèrent la voix qu'ils connaissent le mieux à toute autre voix : celle de leur mère qu'ils ont pu entendre dans les meilleures conditions de transmission. De la même manière, ils préfèrent la langue maternelle à une autre langue. C'est donc bien qu'ils en ont mémorisé quelque chose, qu'ils reconnaissent malgré les déformations, pendant leur vie intra-utérine.

2. Le deuxième est qu'un certain nombre de jeunes bébés semblent également reconnaître des musiques entendues avant la naissance. Si l'on demande à une mère de chanter une berceuse tous les jours pendant les dernières

semaines de grossesse, les nouveau-nés la préfèrent à une autre berceuse, même chantée par leur mère (il n'est pas nécessaire d'être adolescent pour aimer le tube de l'été).

3. Le troisième enfin est que l'audition du rythme cardiaque de la mère semble avoir des vertus calmantes sur les bébés. D'après les recherches les plus récentes, il s'agit bien du rythme et non pas nécessairement du bruit du cœur lui-même. Point n'est besoin de procéder à un enregistrement en plaçant le micro dans l'utérus, un métronome semble suffire.

Quelle est l'ampleur des capacités de la mémoire des fœtus, et que font-ils de cette mémoire ? Nous n'en savons rien et beaucoup reste à faire dans ce domaine.

8
Le nouveau-né voit-il?

S'IL EST UNE QUESTION QUI A reçu de mauvaises réponses pour de mauvaises raisons, et contre l'évidence la plus criante, c'est bien celle-ci. Une légende très enracinée, et développée en particulier par le corps médical, veut que les bébés ne voient pas avant plusieurs mois. Une autre légende, popularisée cette fois par les psychologues, veut qu'ils voient net jusqu'à quarante centimètres environ et flou au-delà. Qu'en est-il exactement? On peut apporter à cette question d'une part des réponses neuro-anatomiques (degré de maturité du système visuel), d'autre part des réponses psychologiques (ce que le bébé sait faire de ses capacités sensorielles).

Il est tout d'abord clair que le système visuel est à la naissance très immature. Pour en rester au niveau de la rétine, la densité des bâtonnets (cellules réceptrices réparties sur l'ensemble de la rétine et permettant la vision en noir et blanc avec des éclairements faibles) est beaucoup plus faible que chez l'adulte. Les cônes (cellules réceptrices essentiellement situées sur la partie centrale de la rétine et permettant la vision des couleurs dans de bonnes conditions d'éclairement) sont encore moins nombreux. La maturation, aussi bien de la rétine que des aires visuelles va se faire très vite, et à quatre mois, les capacités de l'œil sont bien plus proches de celles de l'adulte que de celles du nouveau-né.

Donc, le nouveau-né voit. Mais ses performances visuelles ne sont pas excellentes. En particulier, son acuité visuelle est très faible, environ soixante fois plus faible que celle de l'adulte. Il ne voit donc pas bien les détails fins et s'intéresse surtout aux zones de fort contraste. Dans les premières heures de vie aérienne, curieusement la lumière semble désorganiser les mouvements de ses yeux. Si on le plonge dans le noir, il a un balayage tranquille de son environnement. Dans la lumière, il cherche des lignes de contraste et les suit. Là où nous voyons une photo au piqué excellent, il ne voit qu'une mauvaise image de télévision, en noir et blanc ou avec des couleurs plutôt ternes. Cette mauvaise qualité de l'image pose quelques problèmes pour l'accommodation et la convergence. L'accommodation : les bébés ne voient pas flou au-delà d'une certaine distance, ils voient flou à toutes les distances. Accommoder sert à avoir une image plus nette. Ils n'accommodent donc pas beaucoup puisqu'ils n'en ont pas besoin. Quand aux difficultés de convergence, elles résultent du manque de maturité et d'exercice de la motricité oculaire, mais aussi sans doute de la faiblesse des images fournies par les deux caméras, qu'il est nécessaire de comparer pour converger efficacement.

Ces performances limitées permettent néanmoins au bébé de suivre un mobile, s'il ne se déplace pas trop vite, de faire la différence entre une boule et un cube, s'ils ont une taille suffisante... et de différencier leur mère d'une autre femme. Toutes ces performances et bien d'autres supposent dès la naissance une organisation déjà importante de la perception, et c'est précisément ce que l'on n'a pas voulu ou pas osé supposer pendant des années.

La découverte de l'anatomie de l'œil et du fait que sur la rétine l'image se forme à l'envers, la nécessité de combiner les images de deux yeux, ont fait penser pendant longtemps aux philosophes que le bébé commençait par voir deux images à l'envers, à l'intérieur de ses yeux, et qu'il devait ensuite les renverser, les coordonner, et les projeter à l'extérieur… vaste tâche. L'idée était que le toucher, plus primitif et plus précoce, éduquait pour cela la vision. C'est le sens de la célèbre question de Molyneux : « *Un aveugle de naissance peut-il ou non, une fois la vision recouvrée, distinguer visuellement un cube d'une sphère sans les toucher au préalable ?* » C'est sans doute la faiblesse des capacités motrices des bébés de l'espèce humaine qui a permis que de telles questions soient posées. Dans d'autres espèces en effet, dès la naissance, un équilibre, fragile certes, est possible sur les quatre pattes et des déplacements, bien qu'incertains, sont réalisés dans un environnement tri-dimensionnel, déplacements qui seraient impossibles si ces animaux étaient en train d'essayer de coordonner et de projeter dans l'espace des images en verlan !

La conséquence la plus curieuse de cette position philosophique est que lorsque nous discutons avec des mères pour les persuader de venir nous voir avec leur bébé de quatre mois, il n'est pas rare qu'elles nous disent que bien sûr, elles acceptent puisque l'idée d'aider la recherche leur convient, mais que le petit ne voit pas : le pédiatre l'a dit. Cette croyance est en effet étonnante en ceci qu'elle ne résiste pas à une minute d'examen d'un bébé (éveillé). Il est facile de voir qu'il suit du regard ce qui se déplace dans la pièce, et qu'au regard de l'adulte qui place le visage du bébé à vingt centimètres du bout de son nez répond un regard du bébé. C'est ce que voient tous les parents, alors que, souvent encore, ils « savent » que les bébés ne voient pas. C'est ce qu'une mère nous a très bien résumé un jour en disant : « Ils ne voient pas à cet âge, hein... mais le mien il voit ! »

9
Les bébés voient-ils en noir et blanc ou en couleur ?

La faiblesse du nombre de bâtonnets (cellules réceptrices des couleurs) à la naissance ne permet pas aux bébés de voir les couleurs comme nous les voyons. Est-ce à dire pour autant qu'il faut attendre des mois pour que les bébés voient les couleurs, et des années pour qu'ils les organisent comme nous ? C'est ce que l'on a pensé pendant longtemps. Les mots qui désignent les couleurs ne sont pas les mêmes suivant les langues, et la théorie dominante de la vision des couleurs a longtemps été celle du relativisme culturel que l'on peut résumer simplement de la manière suivante : « Je vois les couleurs comme je les appelle. » Le bébé n'appelant pas les couleurs, il ne les voit pas !

Pourtant, si la couleur est suffisamment contrastée, et la plage lumineuse assez grande, les nouveau-nés font la différence entre une plage bleue et une plage grise de même luminance, et les bébés de trois mois voient les couleurs et les organisent comme nous. Il faut en effet bien comprendre que voir les couleurs implique deux choses différentes : voir des variations de chrominance, c'est-à-dire de longueur d'onde et les découper, les catégoriser. Voir en noir et blanc, c'est être sensible à des différences de luminance, alors que voir en couleur, c'est être sensible à des différences de longueur d'onde. Mais d'autre part, les longueurs d'onde de la lumière visible varient de manière continue, alors que si l'on décompose cette lumière visible avec un prisme, nous percevons des couleurs séparées et non de la couleur, c'est-à-dire que la variation est discontinue. Il en est de même pour les bébés.

> La méthode utilisée pour démontrer cela est très jolie. Dire que nous percevons les couleurs de manière discontinue, c'est dire que des stimulations lumineuses de longueurs d'ondes différentes correspondent à une même couleur. Il ne s'agit donc pas d'une propriété de la lumière, mais de notre système récepteur. Ainsi, tout ce qui est entre quatre cent cinquante et cinq cents nanomètres de longueur d'onde est pour nous du bleu. Si la longueur d'onde est courte (450 nanomètres) ce bleu tire vers le violet, alors qu'à l'autre extrémité, c'est un bleu-vert. L'idée a donc consisté à habituer des bébés à une plage lumineuse bleue de longueur d'onde élevée. Quand ils étaient habitués, on leur présentait soit une longueur d'onde plus courte (donc pour l'adulte, encore du bleu), soit une longueur d'onde plus longue (donc pour l'adulte du vert), mais la différence physique avec la lumière de base était la même dans les deux cas. On a alors constaté que les bébés augmentaient leurs durées de fixation pour le vert mais pas pour le bleu. Ceci indique qu'ils considèrent le vert comme quelque chose de nouveau, mais pas le bleu, ou en d'autres termes qu'ils séparent ces deux couleurs comme nous. En multipliant les expériences sur ce principe, on a pu montrer qu'ils organisent comme les adultes l'ensemble du spectre visible.

De fait, cette capacité précoce d'organisation n'a rien d'étonnant, puisque les récepteurs eux-mêmes sont spécialisés pour recevoir une gamme de longueurs d'onde (bâtonnets sensibles soit au rouge, soit au vert, soit au bleu). Il ne faut pas prendre les bébés pour des bleus. Si l'on ne sait pas encore très bien comment les bébés perçoivent et organisent les couleurs dans les premières semaines de vie, il est clair qu'à trois mois, ils peuvent voir la vie en rose.

10
Les bébés voient-ils en deux ou en trois dimensions ?

CETTE QUESTION EST TRÈS DIFFICILE et l'on pourrait résumer l'état actuel des connaissances en disant que posée telle quelle, on ne sait pas y répondre avec certitude, et passer à la question suivante. Nous avons néanmoins quelques éléments de réponse. Le premier est que lorsqu'on leur donne le choix, les nouveau-nés préfèrent regarder un objet tri-dimensionnel plutôt que sa représentation bi-dimensionnelle. Ils font donc la différence entre les deux. Un autre élément de réponse est que les aveugles-nés opérés tardivement sont gênés par les représentations bi-dimensionnelles du volume : les portraits par exemple. Ces deux faits semblent impliquer que le tri-dimensionnel est une situation plus simple à traiter, alors que l'on a longtemps supposé le contraire. Ce qui est vrai de nos difficultés en géométrie ne l'est pas forcément de la perception.

Dans notre laboratoire, nous avons eu l'idée saugrenue de reproduire sur un écran de télévision une expérience faite dans un autre laboratoire avec de vrais objets. Un objet passait derrière un autre et évidemment disparaissait à ce moment-là. L'expérience initiale montrait que pour les bébés de quatre mois, l'objet caché continuait à exister (*voir question* « Que sait le bébé sur les objets? ») sur l'écran de télévision, nous n'obtenions plus le même résultat. Nous avons alors essayé de voir si des bébés de trois mois comprenaient en bi-dimensionnel la relation d'interposition (si un objet entre en contact avec un autre et disparaît à la frontière entre les deux, c'est qu'il passe derrière) qui est immédiate pour nous adultes. Si ce n'était pas le cas, le spectacle de cinéma ou de télévision le plus simple serait un casse-tête. Effectivement les tout-petits comprennent cette relation, mais il semble qu'ils soient incapables de l'utiliser dans une situation un peu complexe. Par contre, si l'on ajoute d'autres indices de profondeur, comme la perspective par exemple, les bébés en tiennent compte et dès quatre mois se comportent, face à un dessin animé simple, comme si la troisième dimension était présente.

Une convergence binoculaire parfaitement efficace n'est pas une condition nécessaire pour voir en trois dimensions, et il existe de nombreux indices monoculaires que les bébés savent utiliser très tôt (l'interposition, les ombres, la perspective...) de telle manière que le monde tri-dimensionnel dans lequel ils vivent n'a pas l'air de trop les gêner. Rappelons (voir question précédente) que dans d'autres espèces, le nouveau-né se déplace dans son environnement. Rappelons également que lorsque les indices bi-dimensionnels sont bien organisés, la sensation de troisième dimension est très forte, mais elle s'émousse avec l'expérience : les premiers spectateurs du cinématographe voyant le train entrer en gare de la Ciotat l'ont vu entrer dans la salle, ce qui aujourd'hui nous fait sourire. L'ensemble de ces faits semble converger pour indiquer que le tri-dimensionnel est premier. Attendons une confirmation plus directe.

11
Les bébés sont-ils sensibles aux odeurs?

L'ODORAT N'EST PAS LA MODALITÉ sensorielle la mieux connue, loin s'en faut, que ce soit chez l'animal ou dans l'espèce humaine, y compris chez l'adulte. Néanmoins, la réponse est évidemment oui, puisque l'on sait depuis maintenant une vingtaine d'années que les bébés âgés de quelques jours sont capables de différencier un morceau de tissu imbibé de l'odeur corporelle de leur mère d'un tissu qui porte l'odeur d'une autre mère.

On peut même dire que les fœtus sont eux aussi sensibles aux odeurs. Dès avant six mois de gestation, leur système olfactif est suffisamment mature, et les prématurés de cet âge se montrent sensibles à l'odeur de menthe. Chez les nouveau-nés à terme, diverses substances odorantes provoquent une variation du rythme respiratoire et du rythme cardiaque. Pendant les premiers mois de la vie, les filles sont plus sensibles aux odeurs que les garçons. Elles réussissent aussi mieux les situations de discrimination, comme par exemple faire la différence entre l'odeur de cerise et l'odeur de gingembre.

Ajoutons enfin qu'à moyen terme, les odeurs apprises (soit par exposition passive, soit parce qu'elles sont liées à l'allaitement par exemple) font l'objet d'une préférence. Les odeurs maternelles semblent jouer un rôle apaisant et peuvent, par exemple, favoriser l'endormissement du bébé, ne serait-ce qu'en tranquillisant sa mère. On ne sait pas si cette préférence se retrouve à long terme. On sait par contre que la mémoire des odeurs est très grande chez l'adulte. Il n'est pas rare que l'on reconnaisse une odeur que l'on sait avoir sentie très longtemps auparavant, dans un contexte presque oublié. Les madeleines de Proust devaient sentir bon.

Est-ce à dire que les odeurs appréciées sont des souvenirs de la prime enfance ? On ne peut évidemment l'affirmer, mais très tôt, les bébés sont au parfum.

12
Les bébés ont-ils bon goût?

CHEZ LES FŒTUS, IL N'EST PAS possible de faire la distinction entre l'odorat et le goût, puisqu'ils baignent dans un milieu liquide où les deux modalités sont stimulées conjointement. On parle d'ailleurs parfois de flaveur et non d'odeur et de saveur. À la naissance par contre, il y a une séparation, mais on sait que ces deux modalités fonctionnent de façon étroitement liée. Le fumet d'un bon plat peut facilement suffire à nous mettre l'eau à la bouche et l'estomac dans les talons. C'est l'une des raisons pour lesquelles l'étude du goût est très difficile, déjà chez les adultes, alors chez les bébés... Deux types de recherches ont pourtant été entreprises : le premier sur la présence des quatre types de saveurs de base (sucré, salé, amer, acide) chez les bébés, le second sur l'origine des préférences individuelles.

Les adultes, quand on leur présente l'une des quatre saveurs de base, sans leur dire de quoi il s'agit (sucre, sel, acide citrique, quinine) ont un réflexe que l'on appelle gusto-facial, caractéristique de chaque saveur. Ce réflexe semble tellement automatique qu'on s'est demandé s'il n'était pas inné. Effectivement, on retrouve les mêmes expressions faciales typiques chez les bébés qui n'ont encore reçu aucune alimentation par voie buccale. On retrouve d'ailleurs ce même réflexe chez les prématurés. Si les bébés sont ainsi équipés dès la naissance pour percevoir les quatre saveurs de base, toutes ne présentent pas pour eux le même attrait. La grimace du nouveau-né face au goût amer vaut bien celle de l'adulte, et ce qu'il préfère, c'est le sucré. On retrouve d'ailleurs cette préférence chez les jeunes d'autres espèces, les rats par exemple, et il semble bien qu'elle ait une valeur de conservation de l'espèce.

Plus surprenant, si l'on présente au bébé de l'eau avec l'une des trois autres saveurs que le sucré, ils n'en consomment que très peu (comme de l'eau pure), mais si l'on mélange le sucré avec une autre saveur, ils ne diminuent pas leur consommation par rapport à l'eau sucrée, et tolèrent des concentrations jugées par les adultes ou les enfants plus âgés comme difficilement acceptables. Cette capacité initiale à accepter des coexistences de goûts aussi différents peut paraître surprenante à des adultes dont le réflexe est plutôt de protéger les bébés de ces goûts qui leur déplaisent. Mais cette capacité est une bonne base pour que l'éducation du goût par le milieu social et les traditions culinaires prenne sa place. Il existe pourtant dès la naissance des différences individuelles importantes dans la capacité de détection et la tolérance aux autres goûts que le sucré. Par la suite, ces différences s'accentuent, et dès six mois, certains bébés détectent les saveurs beaucoup mieux que d'autres. Il est remarquable que les bébés qui ne sont pas difficiles, et qui mangent de tout, sont ceux qui détectent le moins les saveurs. En d'autres termes, avoir du goût, c'est être difficile…

13
Les bébés ont-ils le rythme dans la peau ?

POUR PERCEVOIR DES RYTHMES et des musiques, il faut d'abord percevoir des sons. Le nouveau-né tourne la tête vers une source sonore, mais cette capacité se perd dans les semaines qui suivent, pour réapparaître après trois mois. Après cette période, les bébés apprennent à localiser les sons avec une précision qui s'accroît avec l'âge, le degré de précision de l'adulte étant atteint vers dix-huit mois. Il semble se dérouler pour l'audition ce qui se passe pour la motricité du bras : une forme très simple d'organisation présente dans la période néonatale qui disparaît avant de se réorganiser sur des bases plus solides et plus souples.

Ce qui paraît beaucoup plus étonnant, c'est que l'étude de l'audition a permis de montrer que les nouveau-nés ont déjà une spécialisation des deux hémisphères cérébraux. Si l'on teste leur capacité à faire la différence entre deux syllabes très proches comme « ta » et « pa », les nouveau-nés réagissent plus fortement lors de changements de syllabes à l'oreille droite qu'à l'oreille gauche. Par contre, si le test porte sur des sons musicaux, c'est l'oreille gauche, et donc le cerveau droit qui effectue les discriminations les plus fines. Déjà, bien avant les premiers mots, le cerveau gauche est celui du langage et bien avant toute production musicale, le cerveau droit celui de la musique, même si cette situation ne semble pas irréversible, puisque en cas de lésions cérébrales précoces, ces deux types de fonction peuvent tout de même se mettre en place.

Si l'on s'intéresse maintenant à l'organisation temporelle des sons, les bébés de deux mois se montrent capables de percevoir des différences dans le tempo (augmentation d'intervalles de temps entre sons ou bien inversion d'intervalles courts et longs). Ils sont également capables de percevoir des mélodies et de les différencier si on change une note ou si on transpose la mélodie (ils réagissent plus dans le premier cas que dans le second, où la structure mélodique est respectée). Les bébés sont particulièrement sensibles aux hauteurs et aux contours sonores, et s'ils peuvent se montrer aptes à des discriminations fines dans des conditions de stimulation sonore pauvre, dans un contexte musical plus complexe, ils tolèrent des changements de détail dans la mesure où le contour est respecté.

Les spécialistes de l'audition musicale chez le bébé tendent à penser qu'il existe des structures musicales auxquelles l'oreille (et le cerveau) humains sont prédisposés et qui correspondent aussi bien aux musiques traditionnelles qu'à la musique classique. Les compositeurs de ces musiques auraient respecté des règles qu'ils ne connaissaient probablement pas, mais que leur oreille connaissait. Ces spécialistes de l'audition musicale précoce sont donc en désaccord avec certains compositeurs et théoriciens de la musique moderne qui pensent au contraire que l'oreille humaine peut acquérir toutes les structures musicales possibles. Les bébés sont comme les vaches : ils préfèrent Mozart.

14
Les bébés ont-ils une horloge interne ?

Voici une question dont la réponse peut être lue vers trois heures du matin, lorsque bébé, repu et changé s'étant de nouveau endormi, père et/ou mère comptent des moutons. L'un des aspects du problème est en effet l'adaptation de bébé au rythme circadien et à l'alimentation à des heures décentes. Mais ce n'est pas la seule question.

« Attends ! » C'est l'un des mots que bébé entend le plus. Sans cesse on lui demande d'attendre, ce qui semble indiquer qu'il ne sait pas attendre, qu'il n'a pas la notion du temps, très longue à acquérir. Pourtant, le fœtus a déjà des rythmes : rythme veille/sommeil dont les durées augmentent avec l'âge gestationnel, rythme d'activité qui semble être influencé par les rythmes maternels (le meilleur moment pour la gymnastique étant celui où maman se couche). Mais le changement de milieu et de conditions produit par la naissance désorganise sérieusement les pendules. Le meilleur exemple que l'on puisse donner de ce changement radical est le suivant : lorsqu'on est fœtus, la question de l'heure du repas ne se pose pas, alors que cette question va occuper le nouveau-né et ses parents de manière tout à fait prioritaire. D'où un débat célèbre dans les chaumières : est-il préférable d'imposer au bébé dès le départ des nuits à la diète, ou bien faut-il tenter de faire progresser petit à petit le biberon de nuit vers des heures plus désirables ? Question subsidiaire : faut-il imposer le rythme autrefois sacro-saint de quatre heures ou peut-on autoriser la nourriture « à la demande » ?

Le premier élément de réponse à ces questions ne simplifie pas le problème : toutes les observations des chercheurs, aussi bien que celles des parents, ont montré qu'il existe dans ce domaine de très fortes différences individuelles. Certains bébés semblent en effet se synchroniser très vite alors que d'autres le font beaucoup plus lentement. Le second élément de réponse n'est guère plus informatif : on ne sait pas très bien dans quelle mesure cette adaptation est due à la maturation et dans quelle mesure elle est due au milieu familial. La situation est trop complexe, difficilement contrôlable et surtout influencée par les théories des parents sur le sujet pour que l'on puisse avoir directement des informations sûres.

Si l'on s'en réfère à des situations plus neutres dans lesquelles on essaie d'apprendre un délai à un bébé ou un animal (il y a eu beaucoup plus de recherches avec les animaux), on constate que le meilleur moyen d'obtenir qu'il attende est d'augmenter petit à petit le délai d'attente et non de lui demander directement le délai souhaité. En procédant de cette manière, un chercheur a pu apprendre à des bébés de quatre/cinq mois à attendre plus d'une minute en évaluant avec beaucoup de précision ce délai.

Dans cette expérience, les bébés avaient en face d'eux un écran de télévision susceptible de diffuser un dessin animé et à côté d'eux un écran tactile d'ordinateur (comme ceux qui servent à tenter d'acheter un billet de chemin de fer). Sur l'écran tactile apparaissait un rond. Si les bébés appuyaient, ils avaient droit à vingt secondes de dessin animé. Pendant les dix secondes qui suivaient, les appuis ne provoquaient aucun effet. Les bébés apprenaient alors à attendre ces dix secondes. Petit à petit, le temps était augmenté jusqu'à quatre-vingts secondes. Les bébés attendaient alors tranquillement ce délai et appuyaient une fois pour obtenir leur dessin animé. Ce qui est également intéressant dans cette recherche, c'est qu'avec des bébés plus âgés (de neuf à vingt-quatre mois), on n'obtient pas les mêmes résultats. Certains bébés, que l'on appelle « réflexifs » attendent toujours aussi tranquillement en vieillissant, alors que d'autres, que l'on appelle « impulsifs » appuient sans arrêt sur l'écran tactile pendant le délai.

Il semble bien que les bébés aient, très jeunes, une horloge interne très précise, mais ce n'est pas toujours une raison suffisante pour qu'ils sachent attendre. Si tel est bien le cas, il est certain qu'un apprentissage progressif du délai (et c'est bien le problème du biberon de la nuit) soit plus efficace que l'exigence brutale d'une réponse adaptée… aux parents.

Quant à la question dite de l'allaitement à la demande, elle comporte, de fait, deux questions : celle des intervalles inter-repas, et celle de la « demande ». L'expérience montre en effet que très souvent, la manière dont s'effectue la régulation temporelle est très proche des solutions classiques de durées fixes, mais dans certains cas, l'allaitement à la demande devient l'allaitement semi-permanent, ce qui est plus aisément réalisable avec l'allaitement au sein et le portage au dos qu'avec les biberons stérilisés. Tout le problème est autant dans l'interprétation que peuvent faire les parents de ce qu'est une demande que dans la régulation temporelle elle-même. Savoir ce qu'est une demande est d'autant plus difficile que l'on essaie d'y répondre avant sa formulation.

15
À partir de quel âge bébé reconnaît-il ses parents ?

Ce n'est pas exactement à cette question que je répondrai tout d'abord, mais à la question de savoir à partir de quel âge un bébé est capable de différencier sa mère, ou son père, d'une autre femme ou d'un autre homme, et à partir de quelles informations sensorielles. Il ne s'agit pas simplement de jouer sur les mots, et ces deux formulations recouvrent des réalités différentes : dans le premier cas, il s'agit de considérer comme ayant une certaine permanence un objet qui se transforme sans arrêt (la chose ébouriffée que je viens de réveiller à trois heures du matin est bien, contrairement à quelques apparences, la jolie femme qui m'a embrassé hier soir). Dans le second cas, il s'agit plus simplement de faire une différence (bien sûr, dans votre expérience, vous avez pris soin de me séparer d'elle par une vitre, et de lui demander de se taire, mais ma mère, c'est la femme de gauche et non celle de droite).

Voilà un bel exemple de cas dans lequel nos idées ont évolué dans les dernières années. Pendant longtemps en effet, on a cru que cette capacité de différenciation était relativement tardive (vers huit mois), en particulier parce qu'à cet âge, certains bébés supportent très mal la séparation d'avec les personnes familières, et ont peur des personnes qu'ils ne connaissent pas, même si elles présentent tous les signes extérieurs d'intentions pacifiques. En fait les données actuelles amènent à séparer complètement ce que l'on appelle parfois l'angoisse du huitième mois et la reconnaissance des personnes familières (*voir question* « Pourquoi un bébé s'attache-t-il à ses parents? »).

La nouveauté a été apportée par un chercheur américain qui a eu l'idée de mettre un tampon de gaze sur le mamelon de plusieurs mères, dans une maternité, et de présenter aux nouveau-nés d'un côté la gaze de leur mère, de l'autre, celle d'une autre mère. Ces bébés, âgés de quelques heures, tournaient la tête de préférence du côté de leur mère. On en a conclu que l'odorat, modalité sensorielle souvent qualifiée de « primitive », jouant un rôle particulier dans le fonctionnement affectif et dans la reconnaissance interpersonnelle dans plusieurs espèces animales, était le premier moyen pour un bébé de faire la différence entre sa mère et une autre femme. On a constaté depuis que cette odeur avait sur les bébés un effet apaisant. À ma connaissance, l'expérience n'a pas été faite avec des pères.

Tout était pour le mieux dans le meilleur des mondes olfactifs quand on s'est aperçu que les bébés du même âge préféraient la voix de leur mère à celle d'une autre femme (ils tètent plus fort pour pouvoir l'entendre ; *voir question* « Comment les chercheurs savent-ils tout cela? »). Cette fois, on a fait l'expérience avec des pères (comparés à d'autres hommes). Les résultats sont négatifs. On peut donner à cette différence entre voix de la mère et voix du père trois explications : la première est que les mères seront toujours les mères, ce qui en général leur plaît, mais ne nous avance pas beaucoup. La deuxième est que pendant la période néo-natale, les bébés ont plus entendu leur mère (avec qui ils ont passé une plus forte proportion de ce petit nombre d'heures, mais ce nombre d'heures est vraiment petit), la troisième est qu'ils avaient commencé à apprendre avant de naître (*voir question* « Le fœtus entend-il et, si oui, quoi ? »). Certes ils ont pu entendre leur père, mais la voix de leur mère se transmet mieux parce qu'elle passe aussi par la voie osseuse, qui conduit bien les sons.

Bien, mais arrivons-en à l'essentiel : la vue. Modalité sensorielle dominante dans l'espèce humaine et que nous avons toujours tendance à considérer de manière préférentielle. D'ailleurs, à l'énoncé de la question, le lecteur attendait sans doute d'abord, et peut-être même uniquement une réponse sur la reconnaissance visuelle. Eh bien oui ! des bébés âgés de quarante-huit heures, ayant passé en moyenne cinq heures avec leur mère sans dormir, la différencient d'une autre femme, derrière une vitre (donc sans pouvoir être guidés par les odeurs) et sans qu'elle parle. Cette fois, ou bien la mère avait trouvé un moyen de faire parvenir sa photo au fœtus (mais il ne fait pas très clair là où il est) ou bien l'apprentissage des traits essentiels du visage s'est fait dans les quelques heures où le bébé était suffisamment éveillé et bien placé pour voir sa mère. Ah comme c'est beau, une mère... et qui dira encore que les nouveau-nés ne voient pas ?

Quant à la seconde partie de la question, il est plus difficile d'y répondre. Ce qui est demandé aux bébés, c'est de repérer des invariants dans les différentes transformations subies par cet objet étrange. Nous savons que les bébés de trois mois sont capables de faire des catégories (*voir question* « Les bébés ont-ils du monde une conception cohérente ? ») et précisément, reconnaître le même objet après qu'il a subi diverses transformations, c'est catégoriser. Il en est de même quand il s'agit de reconnaître la même personne. La différence, c'est que les transformations sont plus compliquées. En effet, la plupart des objets de notre environnement ne posent comme problème que le fait qu'ils changent de forme suivant l'angle sous lesquels on les voit, mais ils ne changent pas de T-shirt tous les jours ni de coiffure toutes les semaines, ils ne passent pas leur temps à mettre et enlever leurs lunettes, et ont rarement l'air gai ou triste. Avec les parents, c'est dans ces conditions laborieuses qu'il faut effectuer ce travail épuisant de détection d'invariants. Heureusement, si les chercheurs étudient les diverses modalités sensorielles séparément, et si les parents ne s'intéressent qu'à la vision quand ils somment le petit de reconnaître papa, les bébés, eux, utilisent l'ensemble de leurs capacités sensorielles de manière coordonnée (*voir question* « Les bébés voient-ils avec les doigts et les oreilles ? ») parce que généralement, les parents sont des êtres sonores, et même parlants.

Prenons la séquence de vie familiale très simple qui suit : je suis dans mon lit, je me réveille et je signale l'intéressante nouvelle à mon univers familial avec de petits cris. Non plus ces pleurs à l'allure désespérée que les petits se croient obligés de pousser quelles que soient les circonstances, mais le signal confiant de celui qui sait qu'il sera très probablement entendu, et donc que quelqu'un viendra (sinon l'artillerie lourde des décibels pourra toujours être déclenchée).

Question : est-ce ma mère qui viendra me chercher, ou aurai-je droit à mon père ? Si c'est ma mère, je peux déjà avoir appris le bruit de son pas (non, dans ma chambre, il y a de la moquette) et elle ne peut pas s'empêcher de parler avant même d'entrer dans la pièce. Vérification faite, le visage souriant qui se penche sur moi correspond bien. Contact : cette main, c'est bien elle. Cette manière de me prendre en douceur, il n'y a pas de doute. Tiens, elle a changé de parfum.

Si c'est mon père, la séquence est plus imprévisible. Elle peut ressembler à ce qui précède, l'acteur seul changeant, ou bien je peux me retrouver saisi brutalement et balancé vers le plafond avant d'avoir eu le temps de prendre mes repères sensoriels habituels. Ça l'amuse, et il a donc décidé que moi aussi. Mais je l'ai reconnu, alors je souris.

Comme on le voit, les indices de reconnaissance sont multiples, ce qui facilite considérablement la tâche de détection d'invariants. Pourtant, des situations de conflit peuvent se produire, quand un indice témoigne d'une nouveauté en contradiction flagrante avec les habitudes : après un passage chez le coiffeur, il arrive que les bébés pleurent et semblent dire : c'est ma mère, mais ce n'est pas ma mère ! Il y a parfois un grand mérite à considérer les objets comme permanents.

16
Les bébés voient-ils avec les doigts et les oreilles ?

SUR CE POINT COMME SUR d'autres, on a longtemps compliqué la vie des bébés en voulant la leur simplifier. On a en effet pensé qu'ils allaient du plus simple au plus compliqué, c'est-à-dire que dans un premier temps, jusque vers cinq mois environ, leurs sens fonctionnaient séparément. Prenons une situation très simple : je mets dans la main d'un bébé d'un ou deux mois une clochette (comme il ne peut pas la tenir, je maintiens la main et la clochette). Je place la main et la clochette sous ses yeux, et je secoue le tout. Le bébé a donc une sensation tactile, une sensation visuelle et une sensation auditive. Suivant cette conception traditionnelle, le bébé n'établit aucun rapport entre ces trois sensations. Il est donc en présence de trois « objets » (mais le mot est trop fort, *voir question* « Que sait le bébé sur les objets ? ») différents et indépendants. Pourquoi supposait-on cette indépendance des sens et comment imaginait-on que le bébé s'y prenait pour coordonner tout cela ?

Le fait capital, qui a fortement influencé les théoriciens, est qu'avant cinq mois (environ), le bébé est incapable de coordonner sa vision et sa préhension. Il ne peut donc pas attraper un objet qu'il voit. Il fait cet apprentissage en quelques semaines, pendant lesquelles il est fasciné tout d'abord par ses mains puis par ses pieds. Si en effet un bébé de cet âge voit passer dans son champ visuel une de ses mains, il abandonne immédiatement tout autre centre d'intérêt et tente de déplacer son bras dans une direction de son choix. Il est alors un peu comme l'automobiliste débutant qui tente une marche arrière avec une remorque : les déplacements ne semblent pas correspondre aux prévisions et les tentatives de correction ne font qu'aggraver la situation. La séance se termine d'ailleurs le plus souvent par un coup de poing sur une partie du visage, et de préférence le nez, vers lequel les yeux convergent d'une manière qui provoque l'émoi des âmes sensibles.

Pourtant, sans la vision, le fœtus sait déjà mettre son pouce dans la bouche. Quand il sait diriger sa main vers un objet, le bébé s'intéresse beaucoup à ses pieds. Les chercheurs le savent à leurs dépens car si la main d'un jeune bébé, ou le pied d'un plus âgé passe dans le champ visuel du bébé lors d'une expérience, celle-ci est en général terminée. Rien n'est plus intéressant qu'un pied. On peut en effet compliquer l'exercice précédent en rapprochant le pied dans la direction de la main, et puis le pied a l'avantage sur tous les jolis objets qui peuvent figurer dans le lit de bébé d'être toujours à portée de la main. On peut alors combiner les sensations visuelles, tactiles et proprioceptives de manière efficace.

Cette idée de la séparation des sens à la naissance a donc sa logique. On a pourtant dû l'abandonner car plusieurs faits montrent que les bébés mettent en relation bien avant cinq mois des informations prises dans les différentes modalités sensorielles. Le premier de ces faits est que dès la naissance, et même pendant l'accouchement, les bébés tournent la tête dans la direction d'une voix, comme s'ils voulaient voir la source sonore. On a objecté à cela qu'il ne s'agissait pas forcément de voir la source sonore, mais qu'il pouvait s'agir de mieux l'entendre. C'est vrai, mais par contre, à un mois, on a pu montrer de manière claire que les bébés retrouvaient visuellement des propriétés d'objets dont ils avaient pris connaissance... avec la bouche. À cet âge, en effet, il est difficile de leur placer un objet dans la main. Mais si on place dans la bouche d'un bébé soit une boule de caoutchouc dur lisse, soit une boule munie de petits picots, il reconnaît ensuite visuellement ce qu'il a sucé. De même, si on place dans sa bouche un objet mou ou un objet dur, il retrouve cette propriété visuellement : s'il a sucé un objet dur, il regarde plus longtemps un objet qui se déforme en heurtant une paroi et donne ainsi visuellement l'information de sa mollesse. Inversement, s'il a sucé un objet mou, ses temps de regards sont plus longs sur un objet qui ne se déforme pas contre l'obstacle.

À deux mois, on peut cette fois placer un objet dans la main d'un bébé. Il le tient, et au bout d'un moment le lâche. Si on lui redonne, il le tient moins longtemps, etc. En d'autres termes, il s'habitue (*voir question* « Comment les chercheurs savent-ils tout cela? »). On peut ensuite lui présenter visuellement l'objet qu'il a tenu dans sa main, et on constate qu'il le reconnaît : il regarde moins longtemps cet objet qu'un nouveau (dont on s'est assuré qu'il présente le même niveau d'intérêt). À cinq mois enfin, si l'on présente au bébé deux personnes situées côte à côte, qui sont séparées de lui par une vitre, et qui toutes les deux parlent, les paroles de l'une d'entre elles étant diffusées par un haut-parleur situé au centre, le bébé regarde la personne qu'il entend. Il sait donc coordonner les informations sonores et les informations visuelles liées au mouvement des lèvres.

On touche ici du doigt le fait qu'il faut bien voir ce que l'on a longtemps refusé d'entendre : très tôt, et peut-être même dès la naissance, les bébés vivent dans un monde sensoriel qui a une cohérence.

17
Les bébés ont-ils du monde une conception cohérente?

L'UN DES PRÉCEPTES MAJEURS que m'a appris l'instituteur de mon village, c'est qu'il ne faut pas additionner des pommes de terre et des poireaux. L'objection selon laquelle les deux sont des légumes, et qu'il faut les varier pour avoir une bonne soupe ne l'a jamais convaincu. La condition préalable est de savoir faire la différence entre une pomme de terre et un poireau. Cela, on sait que les bébés savent le faire. Mais au-delà, il existe différentes sortes de pommes de terre, qui ont des formes, des tailles et des couleurs différentes. Pourtant nous sommes capables immédiatement de dire à la vue de ce légume qu'il s'agit d'une pomme de terre. Nous effectuons, ce faisant, une catégorisation. Il en est de même quand nous voyons une pendule, une chaise, une automobile, un arbre, une gare, et, pour certains, un raton laveur. Bien sûr, il y a des cas où nous nous interrogeons pour savoir si nous sommes en présence d'un homme ou d'une femme, d'une œuvre d'art ou d'un tapis brosse, mais finalement ces cas sont rares. Penser qu'un objet appartient à une catégorie est une activité quotidienne, le plus souvent immédiate, et très économique. Il est donc important de savoir à partir de quand les bébés sont capables de cette activité, et ce qu'ils sont capables de catégoriser ; en d'autres termes, comment les bébés organisent le monde.

Un nombre important de recherches a été fait (et se poursuit) sur ce sujet. Par exemple, dans notre laboratoire, nous avons montré à des bébés de trois mois une série de figures géométriques comportant toujours des découpes de couleurs différentes, situées en bas au centre de la figure. D'une figure à l'autre, la forme changeait (carré, losange, rectangle...) mais la disposition des découpes et leurs couleurs restaient les mêmes, et la forme des découpes était toujours identique à celle de la figure présentée. Ensuite, nous leur avons montré en alternance une figure nouvelle, mais comportant toujours la même découpe située au même endroit et une figure qu'ils avaient déjà vue, mais dont la découpe avait été déplacée vers le centre de la figure par exemple. Ils ont considéré que la figure nouvelle n'était pas nouvelle (elle appartenait à la même catégorie) et que la figure déjà vue, mais transformée, était nouvelle (elle n'appartenait pas à la catégorie). Ils ont donc regardé plus longtemps la figure n'appartenant pas à la catégorie.

De la même manière, les bébés savent catégoriser les personnes selon le sexe : si on leur présente une série de visages d'hommes différents, puis un visage de femme, et un visage d'homme qu'ils n'ont jamais vu, ils regardent plus longtemps le visage de femme. L'inverse est vrai si l'on commence par présenter la catégorie des visages de femmes. Un peu plus tard, les bébés savent catégoriser des animaux comme les oiseaux ou les chats.

De telles performances peuvent paraître surprenantes et à peine croyables. Pourtant, quand on y réfléchit bien, elles sont nécessaires à la simple reconnaissance d'un objet ou plus encore d'un être humain (*voir question* « À partir de quel âge le bébé reconnaît-il ses parents? »). Quand nous regardons un objet, nous ne le voyons que sous un seul angle à la fois. C'est pourquoi, si l'objet nous est complètement inconnu, nous aimons le manipuler pour varier les angles de vue. À partir de là, si le même objet nous est présenté sous un angle sous lequel nous ne l'avons jamais vu, il y a de fortes chances pour que nous le reconnaissions. Les bébés savent faire cela aussi. Si on leur présente un objet en mouvement pour qu'ils en prennent connaissance, ils savent ensuite le reconnaître sous un angle inconnu. Il s'agit là de catégorisation, non pas des objets, mais des images que l'on a de l'objet. Pour un être humain, ce ne sont pas seulement les angles de vue qui varient, mais les formes (coiffure) et les couleurs (vêtements).

On s'est également demandé si les bébés utilisaient comme l'adulte des prototypes. En effet, pour nous, un chien ou un chat est plus prototypique de la catégorie animal qu'un moustique ou une taupe. De même, le dernier modèle de base de Renault est plus prototypique de la voiture qu'une Rolls, ou la pomme est plus prototypique des fruits que le gland. Si l'on demande à un adulte ou à un enfant de dessiner un rectangle, il dessine un rectangle prototypique, qui se différencie bien du carré, sans pour autant que la longueur soit vingt fois plus grande que la largeur. Si l'on présente à des bébés une série de rectangles de surface égale, mais de rapport longueur/largeur différent, ils se construisent un prototype qui correspond au rectangle moyen. L'avantage de construire un prototype est que cela permet une économie cognitive importante, parce que cela prend moins de place en mémoire que l'ensemble des images que je puis avoir d'un objet. Ainsi, à travers toutes les variations de coiffures, de vêtements, d'expressions du visage, de postures, de bronzage, j'ai un prototype qui me permet de reconnaître très vite ma maman.

Le cas de la catégorisation est tout à fait typique d'un problème auquel on se heurte quand on essaie de concevoir la pensée du bébé. Si l'on se pose la question : « Comment une telle capacité peut-elle exister de manière aussi précoce ? », on est très sceptique sur l'existence réelle de cette capacité, étant donnée la complexité des mécanismes cognitifs nécessaires, mais si l'on se pose la question : « Comment le bébé pourrait-il bien faire pour s'en passer ? » on y croit beaucoup plus facilement étant donné que le fonctionnement cognitif du bébé serait encore bien plus compliqué s'il ne possédait pas des mécanismes qui organisent son univers. Historiquement, on s'est beaucoup plus souvent posé la première question que la seconde et c'est sans doute un tort. Il faut s'y résoudre, les bébés aiment mettre de l'ordre.

18

Que sait le bébé sur les relations de cause à effet?

COMPRENDRE UNE RELATION entre une ou des causes et un ou des effets est à la fois l'objectif des sciences les plus avancées et la règle minimale pour pouvoir agir de manière efficace dans la vie quotidienne. Même si l'on n'est pas très au clair sur les théories physiques concernant les interactions fortes ou faibles, il peut se révéler très tôt utile de savoir quelques petites choses élémentaires et pratiques sur la pesanteur. Longtemps on a pensé que pour comprendre des relations de causalité, le bébé devait être lui-même efficace, et donc que cette causalité commençait à être perçue après la fameuse coordination entre la vision et la préhension (vers cinq mois) qui permet à un bébé d'attraper ce qu'il voit. Le problème devenait alors que le bébé ainsi conçu se prenait pour Dieu. Je veux dire par là qu'il se percevait lui-même comme la cause de toute chose, ce qui est beaucoup. Par exemple, s'il avait trouvé une fois un objet dans un endroit, il retournait le chercher dans cet endroit en pensant que c'était son geste qui donnait existence à l'objet, lequel était bien incapable de continuer à exister quand Monsieur (ou Madame) bébé s'en désintéressait. Dieu, je vous dis.

Actuellement cette question de la connaissance des relations de causalité fait l'objet de vives polémiques entre spécialistes, et il s'agit d'un domaine de recherche qui se développe. Il est donc permis de penser que nos points de vue sur cette question vont s'affiner. Pour commencer, il est utile de distinguer deux types de situations causales : celles dans lesquelles le bébé est impliqué, soit comme agent, soit comme agi, et celles dans lesquelles il est simplement spectateur.

Prenons un exemple du premier type, c'est-à-dire un bébé qui se trouve dans son lit, se réveille, a faim et pleure. Il y a de fortes chances pour que dans les secondes, ou à la rigueur dans les minutes qui suivent, on vienne le chercher, le prendre dans les bras, lui faire de grands discours, de grands sourires, qu'on lui donne à manger, et que par d'autres moyens encore on rende sa vie plus agréable. Les pleurs du bébé ont été de toute évidence la cause la plus immédiate de toutes ces choses agréables qui ont suivi. Nous ne savons pas si le nouveau-né sait en pleurant qu'il va causer tout cela. Par la suite, cette situation est tout simplement ce que l'on appelle une situation de conditionnement. Le bébé est dans la même situation qu'un rat dans sa cage qui appuie sur un levier pour obtenir de la nourriture. Si le bébé est incontestablement doué de manière innée pour produire des hurlements quand un aspect quelconque de sa situation lui est désagréable, il apprend ensuite à différencier ses réponses en fonction du désagrément en question, ce qui montre bien l'aspect conditionnement de la situation. Tout le problème est de savoir si, et à partir de quand, le bébé va percevoir cette situation comme causale. Pendant très longtemps, la théorie dominante en psychologie (le béhaviorisme) faisait l'économie de la question, mais actuellement, les chercheurs qui s'intéressent à des animaux comme le rat tendent à montrer qu'il perçoit des intentions et peut se percevoir comme cause. Par ailleurs, on sait que chez l'homme adulte, il ne peut y avoir de conditionnement sans qu'il y ait en même temps prise de conscience de la relation de causalité en jeu. Chez les bébés, nous ne pouvons pas être complètement affirmatifs, mais nous avons de bonnes raisons de penser que très rapidement, ils perçoivent une relation temporelle entre les événements, et qu'ils perçoivent cette relation comme causale. En effet, même nous, adultes avons une tendance certaine à confondre coïncidence et cause. Il est courant de dire qu'il y a des coïncidences troublantes, et effectivement, elles nous troublent énormément. Il serait donc sage d'accorder au bébé que lorsqu'il perçoit la coïncidence, il a perçu une relation causale. Sinon, l'adulte ne semble pas très doué pour la saisie des relations de causalité.

Une des critiques que l'on peut adresser à certains de nos glorieux prédécesseurs pionniers des recherches sur les bébés est de s'être intéressés trop exclusivement aux relations entre les bébés et les objets, et pas assez aux relations entre les bébés et les personnes de leur entourage. Il faut en effet beaucoup de temps pour que le bébé perçoive la relation causale « Quand je cogne sur le verre, il tombe ». Lorsqu'il est trop jeune, il ne parvient pas à toucher le verre à chaque fois qu'il le veut et inversement, il peut le faire tomber sans même s'en apercevoir. Par contre, il peut découvrir très tôt la relation « Quand je souris à mon père, il fond » parce que le taux de réussite est bien plus élevé (hélas pour les bébés, et heureusement pour les verres, quand bébé vieillit, les probabilités s'inversent). Il est en effet remarquable que le comportement spontané des adultes avec les bébés consiste à lui permettre d'avoir une efficacité maximale dans ses actions. Dès lors, bébé apprend très vite tout ce que l'on peut obtenir de ses parents avec quelques gestes simples. Pointer un objet est le plus souvent suffisant pour l'obtenir (mais ils refusent parfois de comprendre que ce que je veux, ce n'est pas le vilain cube en plastique, mais la jolie montre). Et même quand bébé sait attraper les choses par lui-même, il est encore possible, par l'intermédiaire de ces grandes choses très pratiques que l'on appelle des adultes, d'obtenir des objets hors de portée. Il suffit de les pointer du doigt et d'indiquer clairement par la mimique et les vocalises que l'on souhaite être servi. Ils ne trouvent pas toujours du premier coup, mais en insistant on arrive généralement à ses fins.

Ainsi, supposons la situation expérimentale dont le protocole est décrit ci-dessous : je suis assis dans ma chaise haute, je viens de terminer mon repas, et je me pose la question scientifique suivante : « Quel rapport existe-t-il entre la manière dont je lance ma petite cuiller par terre, la trajectoire qu'elle suit, et le bruit qu'elle fait en arrivant? » La résolution de ce problème de physique fondamentale suppose soit un stock quasi illimité de petites cuillers, mais chacun sait que les crédits de la recherche sont toujours limités, soit un moyen de faire revenir la même petite cuiller (ce qui est même meilleur du point de vue du contrôle des conditions de l'expérience). Ce moyen existe : c'est ce que l'on appelle un adulte. Il suffit de demander. Néanmoins, de préférence on étalera l'étude sur plusieurs séances : après avoir rendu la petite cuiller une vingtaine de fois, il arrive que l'adulte se lasse. L'étude de la physique ne peut presque jamais être séparée de celle de la psychologie, quand on a six mois.

Prenons maintenant le cas où bébé est spectateur, et supposons une situation de type boules de billard. Une boule A est immobile en face de lui, une seconde boule, B, arrive et heurte A. La boule A part, et la boule B s'arrête. Un adulte perçoit cette situation comme une relation de causalité : B a poussé A. S'il y a un délai entre le moment du choc et le moment où A part, pour un adulte, il n'y a plus de relation de causalité. Il en est de même si A part avant le choc. Il semble qu'à partir de six mois, et peut-être même à partir de trois, les bébés soient capables de faire la différence entre des situations causales et des situations non causales. J'écris « il semble », parce qu'on observe bien que les bébés font la différence, mais nous ne sommes pas encore sûrs que c'est ce que nous appelons causalité et absence de causalité qui est la base sur laquelle ils s'appuient pour faire cette différence. À suivre.

Une dernière question serait de savoir si les bébés perçoivent très tôt des intentions. Nous n'avons pas de réponse précise à cette question, mais on a toujours tendance à poser le problème de l'intention comme si celle-ci devait se différencier de la cause. C'est peut-être l'inverse qui se produit. Historiquement, les explications des lois de l'univers en termes d'intention ont précédé les explications en termes de cause, et quand nous sommes vraiment mécontents du fonctionnement de notre magnétoscope ou de notre ordinateur, nous devons nous réfréner pour ne pas penser qu'il a de mauvaises intentions vis-à-vis de nous (et pas de quelqu'un d'autre, qui fait « exactement la même chose » et obtient un résultat). En tout état de cause (si j'ose dire), les premiers objets sur lesquels le bébé peut avoir une action efficace (ses parents) ont des intentions. L'intention est-elle le prototype de la cause ? J'ai tendance à le penser, mais certains de mes collègues pensent au contraire que ces deux types de fonctionnement sont séparés dès le départ, et que les bébés sont en quelque sorte pré-programmés pour traiter séparément ce qui est social et ce qui ne l'est pas. En quelque sorte, le bébé serait « étudié pour » !

19
Que sait le bébé sur les objets?

Depuis qu'il existe une psychologie qui se veut scientifique, la notion d'objet a intéressé les chercheurs, tant du point de vue du fonctionnement de la perception que de la connaissance. Comment distinguer le contour d'un objet d'un fond de même couleur? C'est tellement facile pour nous que nous avons beaucoup de difficultés à voir où est le problème. Pourtant, les spécialistes de l'intelligence artificielle savent à quel point il est difficile à une machine de prendre un boulon dans une boîte à boulons. Les querelles pour savoir si cette notion d'objet est innée ou acquise ont fait couler beaucoup d'encre dans les ouvrages spécialisés. Ce que nous savons actuellement, c'est que cette perception des objets s'organise en tout cas de manière très précoce (*voir question* « Les bébés voient-ils en deux ou en trois dimensions? » et « Les bébés voient-ils avec les doigts et les oreilles? »). Bien entendu, il leur reste beaucoup à apprendre (à nous aussi) sur les propriétés des objets qui les entourent (dureté, poids, positions d'équilibre, moyens de tenir...) et c'est pourquoi la seconde moitié de la première année et toute la deuxième année sont souvent consacrées à des études approfondies sur les propriétés des objets.

Mais la question essentielle qui a intéressé les spécialistes du bébé n'est pas celle-là, mais celle de ce que l'on appelle la permanence de l'objet. Là encore, la question n'est pas évidente pour un adulte qui, la plupart du temps, ne pense pas que, dès qu'il a le dos tourné, les objets en profitent pour ne plus exister jusqu'à son retour. Toutefois, quand le même adulte cherche ses clés depuis une demi-heure et qu'il est sûr de les avoir accrochées au porte-clé où d'ailleurs plusieurs personnes les ont vues depuis… s'il lui reste le calme suffisant, il est dans de bonnes dispositions pour comprendre la question de la permanence de l'objet. Pour qu'un objet ait une existence permanente, une condition nécessaire, mais pas suffisante est que les différentes modalités sensorielles soient coordonnées (*voir question* « Les bébés voient-ils avec les doigts et les oreilles? »). De plus, il semble logique de penser que si l'on cache un objet sous un morceau de tissu, sous les yeux d'un bébé en âge d'attraper des objets, il doit alors soulever le morceau de tissu et prendre l'objet. Pourtant, quand on fait cette petite expérience avec un bébé de cinq/six mois, on constate qu'il ne cherche pas l'objet, même si l'on s'est assuré avant (et après) que cet objet l'intéresse, même s'il est assez volumineux pour que l'on devine sa forme sous le morceau de tissu. La conclusion logique qui s'est imposée aux chercheurs qui ont fait ce constat est que pour ce bébé l'objet n'existe plus. Loin des yeux…

Plus étonnant encore, les bébés de neuf/douze mois, quand on leur soumet le même petit problème, le résolvent très facilement et avec un air triomphant, mais si l'on cache alors l'objet (toujours sous leurs yeux) dans un deuxième endroit, ils font souvent une erreur qui consiste à aller le rechercher au premier endroit. Le traître n'y est pas. Fin du triomphe. On a donc longtemps pensé que cette permanence était une construction longue et progressive, s'achevant pendant la deuxième moitié de la seconde année, âge auquel les bébés recherchent activement un objet, même si tous les déplacements n'ont pas été visibles, et même si sous un premier cache, ils découvrent non l'objet, mais un deuxième cache.

Le problème avec cette conception des choses, c'est qu'elle est complètement cauchemardesque. Revenons à l'adulte que nous avons laissé en train de chercher ses clés. S'il pensait vraiment que le fait de ne plus les percevoir suffit à supprimer leur existence, non seulement il passerait la journée la main dans la poche, mais il aurait du mal à dormir, à moins de penser aussi que les autres objets de son appartement s'évanouissent avec son départ, ce qui évite d'avoir des clés. Si l'environnement se compose d'objets qui passent leur vie à cesser d'exister et qui se mettent à exister si je les regarde, certes, en un sens je suis Dieu, mais outre que c'est terriblement fatiguant, je vis dans un monde difficile à comprendre, ce qui est inadmissible quand on est Dieu. D'où l'idée qu'ont eu certains chercheurs de séparer deux problèmes : celui de la permanence des objets et celui des conditions de la recherche. Ils ont ainsi pu montrer que les objets avaient une permanence pour des bébés de trois mois et demi.

> Une procédure très astucieuse a consisté à montrer que si l'on ne respecte pas une propriété d'un objet caché, les bébés

sont étonnés, ce qui veut dire que non seulement il existe, mais qu'il garde ses propriétés. Par exemple, dans une expérience, on habitue des bébés à une séquence dans laquelle une marionnette représentant un lapin disparaît derrière un écran rectangulaire et réapparaît de l'autre côté. On alterne en fait deux lapins différents : un grand et un petit, et on continue jusqu'à ce que le bébé soit habitué. Ensuite, on remplace l'écran rectangulaire par un autre écran qui comporte une découpe en haut, dans la partie centrale. De cette manière, le petit lapin doit toujours disparaître de la même manière, mais le grand lapin devrait, lui apparaître dans la fenêtre centrale, ce qu'il ne fait pas. On constate alors que les bébés regardent plus longtemps la situation « impossible » : celle avec le grand lapin, que la situation « possible » : celle avec le petit lapin. Pour les bébés donc, non seulement la marionnette continue d'exister quand elle a disparu, mais elle a gardé une propriété essentielle : sa taille.

Mais l'existence de cette permanence très précoce ne résout pas le problème de savoir pourquoi les bébés ne recherchent pas nécessairement un objet disparu, ou ne le recherchent pas au bon endroit. La réponse la plus largement admise à la première question est que la difficulté réside dans la programmation motrice des gestes de recherche de l'objet. On a eu pendant très longtemps tendance à considérer que lorsque les bébés savent prendre un objet qu'ils voient, les problèmes essentiels de la motricité sont résolus. Il n'en est rien, et pendant plusieurs mois, programmer un geste d'atteinte reste un problème pour les bébés. Si cet objet est caché sous un autre, le geste optimal consiste à enlever l'obstacle avec une main et à attraper l'objet convoité avec l'autre. Optimal, certes, mais encore plus compliqué à réaliser, et sans doute à peu près impossible pour des bébés de six mois. Dans certaines conditions, ils réussissent d'ailleurs mieux ce type de tâche si on leur bloque un bras.

Quant à l'erreur consistant à retourner chercher un objet là où on l'a vu disparaître une première fois, alors qu'il vient d'être caché dans un endroit différent, elle étonne tellement les chercheurs qu'elle a fait l'objet d'un nombre incroyable de recherches... et d'explications. Il semble en fait qu'aucune de ces explications ne soit valable (ou qu'elles le soient toutes partiellement), la situation mettant en jeu des problèmes d'organisation de l'espace (droite-gauche), de mémoire, d'attention, de programmation d'un geste différent de celui qui a permis un succès... Les bébés sont un peu devant cette situation comme l'informaticien du dimanche devant son ordinateur. Si dans le passé, il a effectué une manœuvre qui a réussi, il a tendance à la reproduire, même s'il sait que le contexte n'est pas le même, et donc que ses chances de réussite sont assez faibles.

Une recherche qui montre clairement qu'il ne s'agit pas d'un problème de permanence de l'objet a été faite avec comme objet... la mère du bébé. Dans un premier temps, la mère et le bébé jouent au milieu d'une pièce qui a deux portes. Au bout d'un moment, quand le bébé est bien absorbé par ses jouets, la mère sort, tranquillement, par l'une des deux portes. Le bébé joue un long moment encore, puis il sort pour retrouver sa mère. Le niveau de réussite est de 100 %. Le manège est répété une deuxième fois, mais la mère sort par la seconde porte. Les bébés se trompent de porte dans 50 % des cas, comme avec un objet. Ce qui est intéressant également dans cette recherche, c'est que les bébés qui se trompent ont tendance à pleurer ou à donner des signes de malaise avant de sortir, ce qui indique qu'ils sentent confusément qu'ils se trompent. Dans un groupe contrôle, la mère ressort une seconde fois par la même porte, aucun bébé ne se trompe, aucun bébé ne pleure.

Il semble donc que les bébés sachent où se trouve l'objet, bien qu'ils ne le recherchent pas au bon endroit. C'est ce que confirme une autre série de recherches que nous avons faite dans notre laboratoire. Cette fois, nous ne demandons pas au bébé de chercher manuellement un objet, mais de suivre ses déplacements sur un écran de télévision. Un petit ours se promène et disparaît derrière un premier cache, situé par exemple à droite, ressort et revient à son point de départ. Le manège est répété plusieurs fois, puis il disparaît derrière un second cache, situé alors à gauche. Un observateur, qui travaille en aveugle (il ne sait pas où est l'ours) enregistre en direct sur ordinateur les directions de regard du bébé. On compare ensuite les directions du regard du bébé au mouvement du petit ours et on constate qu'au moment où il sort du second cache, les bébés l'attendent du bon côté. Dans une situation piège, où l'ours étant rentré à gauche ressort à droite, les bébés sont perdus et mettent un moment à retrouver l'ours, ce qui indique bien qu'ils l'attendaient à gauche, donc qu'ils ne font pas l'erreur classique.

Ainsi donc il est bien clair que savoir que les objets existent et continuent à exister quand on ne les voit pas n'implique pas nécessairement que l'on sache les retrouver… il en est de même pour les adultes et les clés.

20
Que sait le bébé sur les personnes ?

Les bébés savent évidemment sur les personnes tout ce qu'ils savent sur les objets, et ce n'est pas rien. On peut donc se demander ce qu'ils savent de plus sur ces objets bien particuliers, mais inversement, on peut aussi se demander si leurs connaissances sur les objets ne seraient pas dérivées de leurs connaissances sur les personnes. On peut aussi envisager que les bébés apprennent, plus ou moins tôt, à différencier ce qui est social de ce qui ne l'est pas ou même qu'ils aient des aptitudes innées pour cela. Un certain nombre de chercheurs ont en effet pensé que le bébé humain était en quelque sorte pré-programmé pour traiter de manière particulière au moins deux aspects importants de son environnement social : le langage et les visages. Les recherches ont semblé confirmer cette idée : les nouveau-nés sont capables de faire la distinction entre toutes les syllabes possibles dans toutes les langues du monde. Ils sont de ce point de vue beaucoup plus doués que les adultes qui ont perdu cette capacité concernant les langues qu'ils ignorent. Mais on a pu montrer par la suite que ces capacités fines de discrimination et de catégorisation des sons ne concernaient pas seulement les sons de parole, mais aussi les sons musicaux. En ce qui concerne les visages, la capacité de très jeunes bébés à reconnaître et à identifier très rapidement un visage, un peu comme le font les adultes, a pu être considérée comme le résultat d'un mécanisme inné spécifique. Il est possible qu'un tel mécanisme inné existe, étant donnée l'importance pour une espèce animale quelle qu'elle soit que les congénères se reconnaissent très vite. Mais dans l'espèce humaine, il n'y a pas d'urgence, la vue de ce qui n'est pas un visage humain ne conduira pas le bébé de deux mois à prendre ses jambes à son cou. De plus, l'existence d'un automatisme inné spécifique n'est pas nécessaire pour que les bébés ne prennent pas les enfants du bon dieu pour des canard sauvages. Une telle distinction peut très bien faire l'objet d'un apprentissage précoce.

En effet, les êtres humains sont ce qu'il y a de plus intéressant et de plus informatif dans l'environnement des bébés (*voir question* « Quels sont les jouets qui intéressent beaucoup le tout-petit? »). Ils bougent, ils font du bruit, ils touchent... et la plupart des choses intéressantes que l'on peut voir le sont non pas du fond de son lit, mais sur le belvédère (avec parfois table d'orientation) que constituent les bras de l'adulte. Se pose-t-on des questions sur les relations entre les informations visuelles, sonores et tactiles? Le mieux pour cela est de fonder ses analyses sur un objet que l'on peut à la fois voir, entendre et toucher. Souhaite-t-on approfondir ses analyses sur la fameuse question philosophique de la permanence des objets? Il faut pour cela un objet qui apparaisse et disparaisse fréquemment, et la réflexion sera facilitée si, quand on ne le voit plus, on l'entend encore, et si quand on ne le voit ni ne l'entend il vous manipule et vous fournit des informations tactiles et kinesthésiques. S'interroge-t-on sur la liberté et ses limites, et les relations entre les causes et les effets? il faut pour cela soit disposer d'un spectacle où des relations de cause à effet sont en jeu, soit disposer d'une chose qui vous obéisse, et le monde des objets ordinaires est aussi difficile à manipuler que ses congénères de grande taille sont obéissants. Un chercheur a même eu l'idée que ce qui pouvait permettre au bébé de faire la différence entre ce qui est social et ce qui ne l'est pas était la fréquence avec laquelle on pouvait obtenir un effet souhaité. Le seul problème est que cette fréquence relative varie avec l'âge. Chez les très jeunes bébés, elle est bien plus forte pour tout ce qui est social, alors que chez les bébés plus âgés et maîtrisant mieux leurs gestes, les objets physiques commencent à obéir… ce dont les parents profitent pour devenir moins disponibles. Qu'il est dur de vieillir.

21
Le bébé perçoit-il sa mère comme une autre personne ?

NON, BIEN ÉVIDEMMENT ! LE bébé vient du paradis du ventre de sa génitrice – laquelle a connu une période pendant laquelle elle avait du mal à séparer cette transformation de son corps de cet être différent d'elle –, le bébé donc n'a pas encore pu dans les premiers mois de sa vie se concevoir comme différent. Telle est en tout cas la réponse qui faisait la troublante unanimité d'auteurs prestigieux, par ailleurs rarement d'accord, il y a cinquante ans. Cette position a longtemps perduré et il arrive même qu'on l'entende encore dans des cours de psychologie. C'est ce qu'on appelle la position adualiste. Il faut reconnaître que cet état de fusion émotionnelle et cognitive dans laquelle vivrait le bébé a quelque chose de touchant. Quelque chose de sexiste aussi. Pourquoi fusionne-t-il si bien avec sa mère et pas avec son père. Je sais bien qu'il y a cinquante ans, dans les sociétés occidentales, les pères n'étaient pas très présents dans la vie quotidienne de leur bébé, mais dans leur environnement familier, ces pauvres bébés devaient bien rencontrer différentes personnes. Vivaient-ils en « fusion » avec toutes ou étaient-ils capables de différencier tout de suite la personne dont ils ne se différenciaient pas ?

L'accord entre les spécialistes n'est pas toujours gage de vérité et peut dans certains cas être suspect. Pourquoi un tel accord ? Pas seulement pour des raisons esthétiques. Le jeune bébé ainsi conçu réussit à la fois à être égocentrique et à ne pas avoir d'ego. En d'autres termes, il est complètement nombrilique, mais sans percevoir son nombril, ce qui est compatible avec l'idée qu'il est Dieu (*voir question* « Que sait le bébé sur les relations de cause à effet ? »). Il existe un lien étroit entre la manière de concevoir son environnement et la manière de se concevoir. C'est pourquoi nous avons actuellement de bonnes raisons de penser que les bébés savent se différencier de leur mère, peut-être même avant la coupure du cordon qui les relie. La première de ces raisons est très générale. Si tel n'était pas le cas, il y aurait une contradiction entre cette inaptitude particulière et l'ensemble des aptitudes cognitives des bébés. Cela est d'autant plus vrai que, inversement, les auteurs qui attribuaient de faibles capacités de connaissance aux bébés utilisaient comme argument leur incapacité à se penser comme sujet individualisé. « Percevoir le monde, c'est se percevoir soi-même » a dit un célèbre spécialiste de la perception. Si cette liaison entre connaissance de soi et connaissance de l'environnement est bien réelle, les nombreuses preuves de la connaissance de l'environnement que nous avons conduisent logiquement à l'idée d'un sujet individualisé, d'un moi différencié précoce.

Pourquoi ces contradictions, et d'où vient le problème ? À mon sens d'une surestimation des capacités cognitives nécessaires à cette différenciation. L'idée d'un soi, ou d'une conscience de soi, renvoie au modèle adulte de la conscience de soi, ou de la conscience tout court, dont l'homme a toujours eu besoin de penser qu'elle était trop belle pour être partagée avec les autres espèces animales et qu'elle devait être accordée aux petits de sa propre espèce avec parcimonie, c'est-à-dire le plus tard possible. Mais pourquoi cette conscience de soi ne se développerait-elle pas, comme tout le reste, et pourquoi n'y en aurait-il pas des formes primitives dans d'autres espèces? Rappelons qu'il existe un certain nombre d'espèces animales dans lesquelles les individus se déplacent. Ils doivent pour cela effectuer une évaluation des relations entre leur corps et l'environnement : les obstacles qu'ils peuvent franchir ou non, les resserrements par lesquels ils peuvent passer ou non. Même les souris doivent savoir si elles peuvent passer par un trou de souris. Il faut pour cela avoir une certaine connaissance de soi. C'est ce que l'on a parfois appelé un soi écologique. De la même manière, un certain nombre d'espèces animales sont sociales. Dans certaines espèces par exemple existe une hiérarchie. Un animal sait qu'il en domine un autre et peut se permettre avec lui un comportement qu'il ne peut pas se permettre avec un second, qui le domine. Il existe donc une certaine forme de soi social.

Chez les bébés, puisque le premier niveau de difficulté semble être de différencier ce qui est soi et ce qui n'est pas soi, et que beaucoup de gens ont pensé que cela devait prendre des mois, demandons-nous ce qui est nécessaire pour effectuer cette différenciation. La réponse à cette question est très simple et le problème peut être résolu par un système nerveux tout à fait primitif à partir des informations fournies par le toucher. Si une partie de mon corps touche un objet qui n'est pas mon propre corps, mes centres nerveux reçoivent une information en provenance du point de contact. Si par contre une partie de mon corps touche une autre partie de mon corps, mes centres nerveux reçoivent deux informations en provenance des deux points en contact. Il en va de même par exemple avec la vision et la proprioception : si je vois une table, j'ai une sensation visuelle. Si je vois mon bras, j'ai aussi une sensation visuelle, mais j'ai en plus une sensation proprioceptive. Il est très aisé sur cette base de se différencier, que ce soit de sa mère ou de son ours en peluche. Étant donné ce que l'on sait de la maturité de la perception tactile chez le fœtus, rien ne s'oppose à l'idée qu'à sept mois de gestation, ils sachent se différencier de leur mère, même si elle est possessive.

22
Que sait le bébé sur lui-même ?

Cogito ergo sum (je pense donc je suis) comme disait un ancien bébé (eh oui, même lui...). Voilà pourtant bien une question sur laquelle on a fortement sous-estimé les capacités de notre progéniture. Non seulement tout conduit à penser que le bébé sait se différencier (voir question précédente), mais assez rapidement, il dépasse ce niveau de connaissance de soi. Au-delà du soi écologique (je perçois les limites de mon propre corps) et du soi social (je me situe dans mes relations avec les autres) existerait ce que l'on a appelé un soi réfléchi, c'est-à-dire la conscience d'être ce que je suis et de la place que je tiens dans le système des relations.

Deux faits montrent très clairement une forme élémentaire de connaissance de soi chez les bébés de quelques jours. Le premier est ce qu'on appelle l'atteinte manuelle précoce. Dans certaines conditions, si un objet passe à portée de la main d'un bébé de quelques jours, il tente de l'attraper (les taux de succès sont très faibles), mais si l'objet est clairement hors de sa portée, il ne fait pas de tentative. Il a donc une certaine connaissance des possibilités de son bras. Le second fait est l'imitation néo-natale : si on tire la langue à un bébé, là encore de quelques jours, il tire la langue (*voir question* « Les bébés savent-ils réellement imiter? »). Cela suppose une mise en correspondance entre des parties de son propre corps et des parties homologues du corps du partenaire. Plus tard, cette connaissance de soi s'affine.

> Une très jolie expérience faite avec des bébés de cinq mois a consisté à les placer face à deux téléviseurs. Sur la première chaîne on pouvait voir les jambes du bébé filmées en direct (un écran de tissu l'empêchait de les voir directement). Sur la seconde chaîne, on montrait soit les jambes d'un autre bébé (ayant les mêmes chaussettes), soit celles du bébé lui-même, mais filmées auparavant et rediffusées. Les bébés regardaient plus souvent la deuxième chaîne : celle qui présentait les choses les plus nouvelles. Ces bébés ont donc conscience des mouvements de leurs jambes sans avoir besoin de les voir.

Depuis fort longtemps, les chercheurs se sont aussi intéressés à la reconnaissance de soi, en particulier dans un miroir. À partir de quand le bébé se reconnaît-il dans le miroir? Darwin déjà s'était posé la question. Il ne suffit évidemment pas que l'on observe des réactions face au miroir (certains animaux réagissent, par exemple par l'agression ou les tentatives d'accouplement), il faut que le bébé indique clairement que c'est lui qu'il voit dans le miroir et pas simplement un bébé quelconque. L'astuce consiste à placer discrètement une tache sur le front ou le nez du bébé. S'il se reconnaît, il aura le réflexe de frotter la tache. On constate que ce réflexe apparaît tardivement (vers l'âge de dix-huit mois) mais il est évident que cette épreuve ne suppose pas seulement la connaissance de soi, mais aussi celle des propriétés réfléchissantes du miroir. La reconnaissance de soi sur une photo ou un film est encore plus tardive. Peut-être est-il difficile d'admettre que l'on est là où l'on est, vêtu comme on l'est, et aussi sur ce petit rectangle de carton, dans un autre endroit, vêtu autrement…

En résumé, des formes élémentaires de conscience de soi peuvent être tout à fait précoces, mais la connaissance de soi est un processus long qui accompagne le développement de la connaissance de l'environnement. Connais-toi toi-même disait le sage. Il reste toujours à faire dans ce domaine.

23
Les bébés savent-ils compter ?

Tout le problème, vous diront les mathématiciens, c'est de savoir ce que l'on entend par compter. Une première forme consiste à reconnaître que deux nombres sont identiques ou au contraire sont différents. Les bébés de trois mois savent faire, du moins avec des petits nombres.

Par exemple, si on leur montre une série de figures composées de quatre éléments qui varient par la forme et la disposition, puis qu'on leur montre une figure à trois éléments, ils font la différence, alors qu'ils ne considèrent pas comme nouvelle une figure à quatre éléments qu'ils n'ont jamais vue (*voir question* « Les bébés ont-ils du monde une conception cohérente ? ») Mais rien ne nous prouve qu'ils utilisent le nombre comme base de différence. Quatre éléments forment un quadrilatère, trois un triangle. Si on les disposait en ligne, une ligne serait plus longue... On a aussi montré que les bébés de sept mois étaient capables d'appareiller des nombres d'objets visuels et d'événements sonores. Le passage par des modalités sensorielles différentes montre que cette fois, ce n'est pas simplement de perception qu'il s'agit.

Toutefois, un argument beaucoup plus convaincant serait que les bébés sachent faire une addition et une soustraction. C'est bien ce que semblent savoir faire les bébés de cinq mois.

> Dans une expérience assez récente et qui a fait grand bruit, on montre à un bébé une plate-forme ou se trouve un mickey. On lève un écran devant la plate-forme, qui cache le mickey, et l'on fait entrer un second mickey par le côté de l'écran. On baisse ensuite l'écran, et l'on voit soit deux mickeys, soit un. Les bébés regardent plus longtemps la situation où il n'y en a qu'un, ce qui montre qu'elle les étonne. Il en est de même si il y a trois mickeys au lieu de deux. Dans l'expérience de soustraction, on part de deux mickeys, on lève l'écran, on en sort un et quand on baisse de nouveau l'écran, il y en a un ou deux. Les bébés sont étonnés quand il reste deux mickeys. Il faut noter toutefois que cette aptitude à « compter » est fragile : si l'on montre d'abord le support vide et qu'on place successivement derrière l'écran deux objets, les bébés ne sont pas plus surpris d'en voir un que d'en voir deux quand on enlève l'écran.

Il semble donc abusif de dire que les bébés savent compter, mais des prémisses d'accès à la numérosité sont présents chez les jeunes bébés pour des petits nombres. S'ils ne savent pas réellement compter, en tout état de cause, les bébés savent sur qui compter !

24
Les bébés savent-ils réellement imiter ?

UNE PETITE EXPÉRIENCE QUE chacun peut faire, sans la certitude, mais avec de bonnes chances, d'obtenir un résultat, consiste à tirer la langue à un bébé de quelques jours, assez longtemps, avec conviction, puis à laisser au bébé le temps de répondre, en le regardant attentivement. Dans un certain nombre de cas, il tire effectivement la langue. Voilà qui a beaucoup impressionné les spécialistes. L'observation a en effet été faite depuis très longtemps, mais l'idée de ce que cela pouvait représenter comme capacités de représentation faisait que les théoriciens refusaient radicalement de croire qu'il s'agissait d'une véritable imitation. C'est aussi aux théories dominantes que les bébés tiraient la langue.

Dans les années cinquante, un psychologue français, qui, l'un des tous premiers, avait fait cette observation sur son fils, a mis neuf ans et pratiqué beaucoup de vérifications auprès des bébés de ses collègues avant d'oser écrire ce qu'il avait observé. Il faut dire que lorsqu'il en avait parlé aux psychologues les plus célèbres de l'époque, ils lui avaient conseillé de se reposer. Il devait selon eux être légèrement surmené et un peu trop ému d'avoir un bébé. La question est donc restée dans l'ombre jusqu'en 1978 où un Américain l'a reprise, et, avec beaucoup de précautions méthodologiques, a affirmé cette capacité précoce. De nombreuses polémiques s'en sont suivi, portant à la fois sur les faits et leur interprétation.

Sur les faits : certains ont trouvé que les bébés tiraient autant la langue dans une période contrôle, dans laquelle on ne leur avait pas tiré la langue, que dans une période suivant l'action de l'adulte. La polémique a alors porté sur la longueur de la langue tirée ! D'autres ont montré que si l'on déplace un stylo à travers la fente d'un papier face au visage d'un bébé, il tirait la langue. À cela, il fut répondu que le fait qu'on puisse leurrer le bébé ne prouvait pas qu'il n'imitait pas. Pour affirmer qu'il y a réellement imitation, les chercheurs exigent que trois critères soient satisfaits :

- que le même geste soit reproduit (par exemple tirer la langue) ;
- que au moins un autre geste (par exemple gonfler les joues) soit également reproduit ;
- que le geste à imiter apparaisse plus fréquemment après sa production que dans une période de contrôle ou aucun geste n'est produit devant le bébé.

Avec ces précautions, on peut aujourd'hui affirmer que les bébés de quelques jours à quelques mois imitent, et pas seulement quand on leur tire la langue. Ils imitent aussi le gonflement des joues ou bien l'ouverture-fermeture de la main, et même des expressions émotionnelles comme la joie ou la surprise.

Sur l'interprétation, l'existence d'une véritable imitation dans les premiers jours de la vie posait des problèmes considérables. Elle suppose en effet l'existence chez le bébé d'une représentation de son propre corps, y compris des parties non visibles comme leur visage. C'est ce qui surprenait le plus. Elle suppose de plus une capacité à établir une correspondance entre les parties du corps de l'adulte observées et les parties homologues de son propre corps. De telles capacités étaient en contradiction totale avec ce que l'on pensait des bébés. On a donc cherché des explications de type réflexe, symbiose ou confusion qui ne sont guère satisfaisantes.

La conclusion qui s'impose est que les jeunes bébés savent imiter, ce qui est une donnée tout à fait fondamentale pour la manière dont nous pouvons penser leur développement cognitif précoce. On s'est beaucoup interrogé sur le fait que pendant les mois qui suivent, cette capacité d'imitation semblait disparaître. On a pu montrer depuis que ce n'était pas le cas, mais les bébés de quatre mois ont beaucoup plus tendance à sourire qu'à imiter. Cela semble indiquer que le rôle de l'imitation précoce est essentiellement de communication avec les adultes, dans une période où les moyens de communication sont peu développés.

Aucun doute donc, il faut tirer la langue aux bébés !

25
Peut-on dire que les bébés sont intelligents ?

Au lecteur tenté par l'idée de commencer par la lecture de la réponse, j'ai envie de dire qu'il est préférable d'avoir lu avant des réponses à des questions plus précises sur les capacités précoces des bébés.

Cette précaution étant prise, nul ne sera étonné que la réponse à la question soit oui, à condition toutefois que l'on s'entende sur ce qu'est l'intelligence. Vaste sujet, sur lequel je commencerai par préciser mon point de vue. Il existe en gros deux conceptions de ce que l'on appelle intelligence, que je présente ici de manière très sommaire. La première est héritée de l'ancienne psychologie des facultés. Elle suppose une capacité individuelle, indépendante des connaissances (une personne intelligente, ce n'est pas la même chose qu'une personne savante), qui a donc une grande stabilité au cours de l'existence, qui peut être mesurée sur une échelle linéaire unique, et qui est très largement responsable de la réussite scolaire. C'est en gros à cela que l'on fait habituellement référence quand on parle d'intelligence. Bien sûr, il existe des variantes : pour certains il y a des formes différentes d'intelligence et la réussite scolaire n'est ni une condition nécessaire ni une condition suffisante pour montrer que quelqu'un est intelligent, mais dans cette première conception, l'idée de stabilité au cours de la vie et à travers les changements dus au développement reste centrale, l'idée de mesure de l'intelligence est fondamentale, et l'âge à partir duquel on va pouvoir parler d'intelligence est très lié à cette possibilité de mesure, suffisamment fiable.

Une autre conception de l'intelligence est qu'il s'agit d'une fonction étroitement liée à la connaissance : son organisation. Dans cette perspective, on peut dire qu'il y a des niveaux d'intelligence, c'est-à-dire des niveaux d'organisation des connaissances, mais en même temps qu'à partir d'un niveau d'organisation des connaissances, il est possible de comprendre des phénomènes nouveaux et inconnus. Il n'y a donc pas d'indépendance entre intelligence et connaissances. L'intelligence n'est pas une faculté individuelle, elle dépend complètement du contexte social dans lequel chacun se trouve. Dans cette conception, l'idée de mesurer l'intelligence n'a pas de sens. L'idée d'une unité ou d'une stabilité ne s'impose pas de manière cruciale. La réussite scolaire est en partie liée à l'intelligence, puisqu'il s'agit d'organiser des connaissances (une tête bien faite plutôt que bien pleine), mais on peut avoir envie d'organiser d'autres connaissances que scolaires. Par ailleurs l'intelligence peut être collective (organisation du partage des connaissances, dans une entreprise par exemple). C'est de cette seconde conception de l'intelligence comme fonction de structuration des connaissances qu'il sera question ici.

À partir de quand peut-on considérer qu'un bébé est intelligent? À partir du moment où il montre qu'il est capable d'une forme minimale d'organisation des connaissances. Que peut-on considérer comme une forme minimale d'organisation ? Dire : « Ceci est identique, ceci est différent », c'est-à-dire établir une relation. Les nouveau-nés sont capables de le faire, puisqu'ils regardent de moins en moins longtemps ce qui leur est familier (ceci est identique) et regardent plus longtemps quelque chose de nouveau (ceci est différent). Les fœtus montrent aussi qu'ils peuvent déjà faire la même chose, pas visuellement bien sûr, mais auditivement. On peut donc dire que les fœtus sont intelligents. Bien entendu, il s'agit là d'un niveau d'intelligence élémentaire, mais il y a un début à tout. Ensuite, et très vite, ces bébés vont montrer des niveaux d'organisation de leurs connaissances bien plus élevés. Ainsi, la capacité à mettre en relation des informations provenant de différentes modalités sensorielles, la capacité à catégoriser, la capacité à saisir des relations de causalité, la capacité à penser que les objets disparus continuent à exister sont autant de preuves du fait que les bébés vivent dans un monde qui n'est pas chaotique, où n'importe quoi ne peut pas se produire à n'importe quel moment, c'est-à-dire dans un monde intelligible. Ils ont donc une intelligence de ce monde. Par la suite, ils vont acquérir un moyen beaucoup plus puissant d'organisation des connaissances : le langage. Mais ceci est une autre histoire.

Ne vous fiez pas au fait que les bébés ne parlent pas. Ils n'en pensent pas moins.

26
Peut-on savoir très tôt si le petit fera Polytechnique ?

Nous vivons dans une société au sein de laquelle la réussite scolaire et le diplôme tiennent une place de plus en plus importante. Les parents s'inquiètent donc légitimement de l'avenir scolaire de leur bébé, parfois même un peu tôt (voir question suivante). L'idée d'apprécier précocement leurs chances de réussite future, en particulier scolaire, est donc bien tentante. Il y a maintenant un certain nombre d'années, l'idée s'est imposée chez les psychologues et les éducateurs que « Tout se joue avant six ans ». Pourquoi six ans ? Parce que c'est l'âge d'entrée à l'école, et que, du coup, l'impact de l'école est nécessairement limité. Mais avec les progrès de la connaissance des jeunes enfants, il s'est trouvé des optimistes pour faire descendre petit à petit cette limite où tout est joué, et on doit se situer actuellement au niveau de la naissance, au plus tard ! On détecte des potentialités de cancers sur les embryons, pourquoi pas des réactions du fœtus annonçant un génie à venir ? Les recherches sont en cours. Il est donc important d'examiner cette question avec beaucoup de sérieux, en prenant en compte l'ensemble des éléments nécessaires à la réflexion.

Premier élément de réflexion, j'ai écrit (voir question précédente) que l'intelligence ne pouvait pas se mesurer. Alors qu'est-ce que le QI ? Le fameux, trop fameux quotient intellectuel est la mesure d'une performance, représentative d'un certain nombre de compétences dans différents domaines de l'activité intellectuelle et fournissant une bonne prédiction statistique de la réussite scolaire. Une bonne prédiction, c'est-à-dire meilleure par exemple que les notes de classe, mais statistique, c'est-à-dire valable pour la très forte majorité des élèves, avec quelques (bonnes ou mauvaises) surprises. D'où une première question : à partir de quand peut-on mesurer un QI et avoir une certaine confiance dans les résultats? La réponse est :

– qu'il faut un spécialiste pour mesurer un QI dans de bonnes conditions (minitel s'abstenir),

– que le QI ne mesure pas l'intelligence, et

– qu'entre trois ans et huit-neuf ans, la fiabilité de la mesure croît, de telle manière que dans cette gamme d'âge, on a une prédiction assez bonne en moyenne de ce que sera le QI à dix-huit ans.

Et avant? On croyait que ce livre portait sur les bébés! Avant, on a tenté depuis les années trente de « mesurer » l'intelligence des bébés. On a fait pour cela ce que l'on appelle habituellement des *baby tests,* par exemple en France, le Brunet-Lézine. Dans ces tests, on n'a pas osé parler de QI, et on a remplacé cette notion par la notion plus vague de quotient de développement (QD). Depuis cette période, on a fait un grand nombre de recherches de corrélations pour savoir si ces tests pouvaient permettre de prédire l'intelligence future. Les résultats ont toujours été les mêmes : les corrélations sont nulles ou au mieux négligeables, ce qui veut dire que pour un individu donné, si l'on se demande ce que la « mesure » donnée par le test permet de prédire, la réponse est claire : rien. Et, comme le dit un de mes collègues, la recherche continue. Des évaluations plus complexes, incluant également le caractère du bébé ont été proposées pour la période post-natale (les premiers jours et même les premières heures de la vie). Le problème est alors que le même test passé à huit jours d'intervalle ne donne pas les mêmes résultats.

Ces faits posent un certain nombre de questions. Pourquoi cette impossibilité de prévision? Pourquoi les chercheurs s'obstinent-ils? N'y aurait-il pas d'autres moyens issus de la recherche moderne?

À la première question, il y a deux types de réponses possibles : ou bien les performances des enfants varient de manière imprévisible avec l'âge, ou bien on n'a pas trouvé le bon test. Les chercheurs qui tentent ce type de prévision sont évidemment partis de la seconde hypothèse, mais quels que soient les indices retenus, la recherche actuelle permet de faire une critique de fond à ces tests : une grande partie des réponses qui sont demandées aux bébés sont des réponses motrices (prendre un objet, tourner la tête, se retourner…). Or la motricité n'est pas le meilleur secteur de performance des bébés, et elle n'est pas révélatrice de leurs compétences cognitives. Si ce que l'on mesure chez les bébés est fondamentalement différent de ce que l'on mesure ensuite, il n'y a pas de raisons de trouver des corrélations.

D'où l'idée qu'ont eu un certain nombre de chercheurs : les techniques modernes de recherche ont permis de mieux estimer les performances des bébés, prises globalement, n'y a-t-il pas dans l'arsenal de ces techniques des moyens de mieux cerner les différences individuelles et de savoir si tel ou tel enfant est plus ou moins intelligent ? Certains ont cru pouvoir donner une réponse positive à cette question : le moyen serait fourni par l'habituation.

L'idée de base est la suivante : il existe des différences interindividuelles très grandes dans les durées mises par les bébés pour s'habituer aux mêmes stimulations. Pourtant, ceux qui ont mis le plus longtemps ne semblent pas avoir emmagasiné d'avantage d'informations sur l'objet présenté. Ils ne sont pas plus performants pour percevoir des différences avec un objet nouveau. C'est même souvent l'inverse qui se produit : les bébés qui s'habituent vite s'intéressent plus à la nouveauté. L'hypothèse est que les bébés qui s'habituent vite traiteraient plus vite l'information (au sens où l'on peut dire qu'une machine informatique est plus rapide qu'une autre), et cette rapidité de traitement de l'information serait, chez le jeune bébé, le témoin de son intelligence.

Pour tester cette hypothèse, il faut retrouver des bébés à qui l'on a fait passer une expérience d'habituation et leur faire passer un test d'intelligence quelques années plus tard, quand les résultats de ces tests sont stables. On calcule alors une corrélation entre durée d'habituation et résultats aux tests. On s'attend à ce que les enfants qui s'étaient habitués vite aient un QI supérieur à celui des enfants qui s'étaient habitués lentement. Beaucoup de recherches ont été faites sur ce principe, ou bien en prenant comme base le niveau d'intérêt pour la nouveauté, ou bien encore des indices plus complexes, toujours tirés des expériences d'habituation et toujours comparés à des tests de QI ou à des épreuves plus spécifiques (tests de vocabulaire par exemple).

Ce qui frappe d'abord dans les résultats obtenus, c'est la diversité des corrélations observées. Ce qui frappe ensuite, c'est la faiblesse de la corrélation moyenne (aux environs de.30). Ce qui frappe enfin, c'est que cela n'entame pas le moral des défenseurs de cette hypothèse. Il serait trop technique dans cet ouvrage de faire une critique approfondie de ce point de vue (voir bibliographie). Signalons simplement que lorsqu'on répète à peu de temps d'intervalle deux habituations avec les mêmes bébés, on ne trouve pas toujours les mêmes durées, et les plus rapides la première fois ne sont pas nécessairement les plus rapides la seconde fois. Ce fait est l'une des difficultés majeures de la recherche sur les bébés : les différences intra-individuelles sont aussi importantes que les différences inter-individuelles. La raison essentielle de cette instabilité tient dans les fluctuations de l'attention chez le bébé. Les durées d'habituation ne correspondent pas seulement à des périodes d'extraction de l'information sur l'objet présenté, mais aussi à des moments, plus ou moins longs suivant les bébés, où le regard est toujours dirigé vers l'objet, mais la tête est ailleurs.

L'intelligence est-elle une question de vitesse ? Ce n'est pas toujours certain, et il faut parfois savoir partir le dernier et se hâter lentement. Dans certaines régions d'Afrique, quand on demande aux gens de dire ce que sont les qualités d'une personne intelligente, ces qualités se réfèrent en général au fonctionnement social et la lenteur est une vertu. Mais nous sommes obnubilés par la vitesse, et pensons monocritère pour Polytechnique.

27
Faut-il apprendre le japonais au fœtus ou seulement à bébé ?

LES BÉBÉS, ET LES FŒTUS, SONT devenus un enjeu commercial important, et les chercheurs y sont pour quelque chose. Décrire un bébé très précocement compétent et capable d'apprendre très vite beaucoup de choses donne des idées à des gens soucieux que les enfants ne perdent pas de temps dans la vie. Cette possibilité d'apprentissage précoce répond par ailleurs à une inquiétude des parents signalée par ailleurs la réussite scolaire (*voir question* « Peut-on savoir très tôt si le petit fera Polytechnique ? »). L'idée de mettre toutes les chances du côté de son enfant, pousse des parents à lui apprendre à lire avant d'entrer à l'école. La même idée a conduit au développement, en particulier aux États-Unis, d'écoles diverses, prenant les bébés en charge de plus en plus tôt, et fondées sur l'idée que l'éducation est une chose trop sérieuse pour être confiée aux parents. Ces écoles utilisent des méthodes d'apprentissage qui personnellement me rappellent une vieille tradition du sud-ouest de la France, qui aboutit à la confection d'un met succulent : le foie gras.

Mais on n'arrête pas le progrès. Les fœtus entendent (*voir questions* « Le fœtus entend-il ? » et « Le fœtus a-t-il une mémoire ? »), il n'y a donc pas de raisons pour qu'ils se la coulent douce dans leur super cocon, alors qu'une ceinture adéquate ou un baladeur bien placé pourraient les obliger à un minimum de travail. J'attends maintenant avec patience, mais confiance, l'avènement de l'échographe portable, léger et bon marché, qui permettra de diffuser ces stimulations dans les moments d'éveil suffisant, mais aussi de secouer un peu le fainéant s'il préfère dormir à l'heure habituelle de son cours de langue.

Je voudrais faire sur cette démarche et son développement hautement prévisible trois remarques. La première consiste dans la réponse à une question : existe-t-il des bases scientifiques montrant le caractère bénéfique de ces différentes formes de stimulation précoce ? La deuxième est la réponse à une autre question : avons-nous des raisons de penser que cela peut être nuisible à la santé de l'enfant ? Ma troisième remarque portera sur ce que j'appellerai l'idéologie sous-jacente à ce type de démarche.

La réponse à la première question est clairement non. Dans les années soixante, des chercheurs américains se sont intéressés à des enfants vivant dans des orphelinats et passant l'essentiel de leur temps dans leur lit blanc, avec vue imprenable sur le plafond blanc. Ils ont montré que si l'on donnait à voir à ces bébés, ou si tout simplement quelqu'un les prenait sur les genoux vingt minutes par jour, ils s'en portaient mieux et leur développement psychologique s'en trouvait affecté positivement. Il faut dire que les Américains, qui évitent de faire les choses à moitié, sont passés dans leurs institutions de la phobie absolue du microbe et l'isolement total à la présence continuelle et la sur-stimulation, exactement comme ils sont passés des nourritures enrichies en vitamines aux aliments *light*. Que prouve cette recherche et d'autres du même type qui ont suivi ? Que la carence de stimulations est nuisible au développement. Il est abusif d'en tirer comme conclusion que plus on stimule, mieux on fait. Il n'existe à l'heure actuelle à ma connaissance aucune recherche ayant montré les effets positifs à court, moyen et long terme des programmes de gavage cognitif.

La réponse à la deuxième question est aussi non. Il n'existe à l'heure actuelle à ma connaissance aucune recherche ayant montré les effets négatifs à court, moyen et long terme des programmes de gavage cognitif. Il faut néanmoins se méfier de l'effet de symétrie. Il est peu probable que de telles recherches existent un jour, parce que la recherche n'est ni l'activité ni le souci principal des gourous de la stimulation très précoces. Ce que nos connaissances actuelles nous permettent seulement de dire, c'est que dans le développement de l'enfant, le jeu d'une part, le repos d'autre part sont d'une très grande importance. Le jeu : le vrai. En effet, on nous expliquera toujours que dans les merveilleuses écoles ou l'on fabrique des surdoués, on joue. On passe même sa vie à jouer. Mais le jeu, c'est d'abord ce que l'enfant organise suivant sa propre fantaisie. C'est lui qui sait s'il joue. Je voudrais aussi rappeler que dans le domaine du développement de l'être humain, on n'est jamais sûr du sens dominant de la causalité (*voir question* « "En matière d'éducation, quoi que l'on fasse, on fait toujours mal"… vrai ou faux ? »).

Enfin, ma troisième remarque est que j'ai peur des « sur ». En cherchant par une sur-stimulation à sur-développer des sur-capacités intellectuelles et fabriquer des surdoués, je crains fort que l'on ne cherche à faire un surhomme, ce qui me rappelle des choses fâcheuses dans notre histoire récente. Et si l'on essayait modestement de rendre les enfants heureux ?

28

Faut-il être à l'écoute de son bébé vingt-quatre heures par jour ou plus ?

NON, IL PEUT PARFOIS SE RÉVÉLER nécessaire de dormir ! Bien sûr, si l'on est deux, on peut se relayer... Mais bébé dort beaucoup aussi. Trêve de plaisanterie, une solution éducative qui semble plus intelligente que la stimulation à tout prix est ce que les chercheurs américains appellent *responsiveness* et que l'on peut traduire en français par « ajustement maternel » (ou paternel). Il s'agit de montrer vis-à-vis des demandes du bébé une disponibilité telle qu'elles ont quelques chances d'être satisfaites (ou au contraire non satisfaites quand le jouet convoité est un couteau de cuisine), et en même temps de le laisser en paix, quand cela est nécessaire. Prenons une situation très simple. Un bébé est assis au milieu de ses jouets, et l'un de ses parents se tient à côté de lui. Première solution : l'adulte en question est plongé dans son journal et/ou dans son feuilleton télévisé, bébé n'a qu'à s'occuper de son côté, chacun sa distraction, et quoi qu'il arrive ou presque, chacun s'en tiendra là. Sans doute faut-il des moments comme cela, mais le tout est de ne pas en abuser, puisque l'ajustement est nul.

Deuxième solution : malgré la tension et l'attention créées par l'univers impitoya-able du feuilleton télévisé, bébé est sous surveillance. Tant que le jouet qui l'occupe continue de l'intéresser, ne lui pose pas de difficultés majeures, ou bien qu'il passe de lui-même d'un jouet à un autre, il n'y a pas d'intervention. Par contre, si plus rien d'intéressant n'est à portée de sa main, ou bien que quatre tentatives successives n'ont pas permis de placer un cube dans une boîte d'encastrement, une intervention salutaire de l'adulte va se produire : de nouveaux jouets vont être proposés, ou une démonstration effectuée plusieurs fois et au ralenti, et une assistance technique précise vont permettre à l'enfant de voir comment ce foutu cube fait pour rentrer dans cette boîte dont on avait pu finir par penser qu'elle était intrinsèquement récalcitrante. Nous sommes dans un cas d'ajustement.

Troisième solution : quelle que soit sa passion préalable pour les feuilletons télévisés, une mère digne de ce nom est entièrement à la disposition de son bébé et doit l'assister dans ses jeux. Elle doit veiller aussi à ce qu'il ne s'ennuie pas et ne devienne pas débile en jouant toujours avec la même poupée. Il faudra donc lui renouveler un grand nombre de fois au cours de la matinée les jouets qu'il utilise (en gros au rythme où ils ont cessé d'intéresser la mère). L'encastrement du cube fera donc tout d'abord l'objet d'une démonstration bien faite, avec répétition immédiate. Si au bout de cinquante secondes aucune tentative n'a abouti, on prendra l'objet des mains de l'enfant et on produira une seconde démonstration, laquelle devra cette fois faire effet dans les vingt secondes, faute de quoi :

– on se posera la question : « Puisque sur l'emballage il était écrit que c'était pour son âge (en fait un peu plus vieux, parce que je trouve mon bébé plutôt en avance, mais tout de même) est-ce que je n'aurais pas enfanté un(e) demeuré(e) ? » et

– on tentera de sauver ce qui peut encore l'être en enlevant le jouet objet du litige, et en le remplaçant par un autre, avec l'idée que tout de même, la matinée ne passera pas sans nouvelle tentative.

Là encore, on n'est pas en présence de ce que l'on peut appeler ajustement. Tout le problème est dans cet équilibre entre trop et pas assez, mais c'est ce qui fait le charme de l'éducation.

29

S'occuper beaucoup de bébé le « pourrit »-il ?

C'EST EN TOUT CAS CE QU'AFFIRMAIENT deux autorités difficilement contestables en matière d'éducation : ma grand-mère d'une part, et le professeur Skinner d'autre part. Le raisonnement de ma grand-mère (et de bien d'autres personnes) était le suivant : si à chaque fois que ton bébé pleure, tu le prends dans tes bras, il va pleurer pour que tu le prennes dans les bras, et vu son poids tu auras des problèmes lombaires, mais surtout tu lui apprendras qu'il peut obtenir tout ce qu'il veut, et quand il sera plus grand, il exigera de plus en plus et ta vie sera un enfer ; de surcroît, il se comportera de la même manière avec tout le monde, et ne sera pas préparé à la dure loi de la vie où tout ne peut être obtenu immédiatement ; tu en fais donc un inadapté social, un pré-délinquant, un futur bourreau domestique, et ne compte pas sur moi pour m'y prendre de la même manière ; je saurai lui dire non, et j'en ai dressé d'autres.

Le raisonnement du professeur Skinner (célèbre psychologue américain ayant fait beaucoup d'expériences sur des pigeons et des rats mis dans une boîte où l'on obtient une récompense quand on appuie sur un levier, et qui a tiré de ses recherches des conclusions sur la manière rationnelle d'éduquer les enfants, bien sûr, mais aussi d'organiser la société) n'était pas très différent. Tout comportement renforcé (par de la nourriture, ou par une situation agréable) voit sa probabilité d'apparition augmenter. Si les pleurs sont renforcés par des moments agréables qui les suivent, bébé pleurera. Cette position théorique est ce que l'on appelle en psychologie le béhaviorisme.

Révérence gardée envers ma grand-mère et le professeur Skinner, il semble qu'ils aient tort. En effet, dans une célèbre recherche américaine, on observait des mères avec leur bébé chaque semaine pendant la première année de la vie, et on notait ce qui se passait pendant la visite et en particulier les pleurs et la réaction de la mère face à ces pleurs. Cette recherche a montré que les bébés qui étaient le plus souvent pris dans les bras à la suite de pleurs dans le premier trimestre de leur vie étaient ceux qui pleuraient le moins pendant le troisième trimestre de la première année. Il semble donc plutôt qu'un bébé qui pleure puisse légitimement s'attendre à ce qu'on s'occupe de lui, et si on ne le fait pas, il a tendance à désespérer de l'humanité. Les Indiens d'Amérique ont été surpris et choqués, quand ils ont pris contact avec les Européens – de la manière que l'on sait –, du fait que ceux-ci laissaient pleurer les bébés. Il est vrai que les Indiens ont perdu.

Cela ne veut pas dire pour autant que les théories éducatives de ma grand-mère doivent être complètement jetées au panier. Il est effectivement probable que des enfants dont les parents sont obéissants deviennent vite insupportables. Ceci veut simplement dire que le climat affectif dans lequel se passe une relation est important, et qu'il n'est pas nécessaire d'être obéissant pour avoir des enfants insupportables. Tout le problème est de trouver un équilibre entre compréhension et esclavage. Décidément, être parents est un métier d'équilibristes.

30
Quels sont les jouets qui intéressent beaucoup les tout-petits ?

Pendant des années, l'imagination des fabriquants de jouets concernant les très jeunes bébés s'est limitée au célèbre hochet, lequel mis consciencieusement dans la main du bébé après démonstration de son intérêt visuel et de son potentiel sonore était rapidement abandonné par un bébé incapable de le reprendre. Depuis, le portique musical est devenu la norme obligatoire dans les chambres de bébés, et j'espère que les héritiers de Brahms touchent encore des droits d'auteur, vu sa place au top cinquante de cet âge, si l'on peut dire, car il n'y a pas cinquante titres disponibles dans les boîtes à musique. Pour Dorothée, il faut attendre un âge plus avancé. D'autres jouets, de plus en plus nombreux, complètent la gamme, en veillant en particulier à ce que l'on appelle l'éveil sensoriel du bébé.

Je n'ai rien contre les fabriquants de jouets qui font de fort jolies choses, qui incontestablement plaisent beaucoup aux parents et qui apportent leur contribution à l'emploi, ce dont il faut les remercier, mais je me pose la question suivante : étant donné ce que nous savons des bébés, comment pourrait-on définir un bon jouet pour les premiers mois de la vie, qui attire leur attention, les intéresse, les stimule, leur pose des problèmes à leur portée, et sur lequel ils pourraient exercer des effets, toutes qualités que les fabriquants savent maintenant donner à des jouets pour enfants plus âgés ? Nous avons les moyens de répondre à une telle question. Ce jouet devra être mobile, bien contrasté, produisant des sons mélodieux, un peu comme des paroles, il devra être disposé de manière à pouvoir être touché, il aura une odeur agréable. Bébé devra l'avoir facilement à sa disposition quand il s'ennuie, malgré ses capacités motrices limitées. Il serait bien également qu'il apparaisse et disparaisse au gré des circonstances ou du jeu, et il faudrait que bébé puisse exercer sur lui différents effets, malgré ses faibles moyens physiques. Si ce « jouet éducatif » pouvait aider l'enfant à apprendre le langage, ce serait parfait.

Cette merveille technologique n'est vendue dans aucune boutique, mais elle existe. Elle est à peu près le seul jouet dont disposent la plupart des enfants africains pendant toute leur vie de nourrisson, et leur développement serait plutôt en avance sur celui des enfants occidentaux. Cela s'appelle un être humain. Bien sûr, d'autres jouets ne sont pas nuisibles, et plus l'enfant va grandir, plus l'exercice de ses activités intellectuelles sera favorisé par les jouets superbes que l'on sait faire, mais il convient de ne jamais oublier le potentiel fantastique de ce jouet-là, seul jouet vraiment manipulable dans les premiers mois. On est toujours le jouet de quelqu'un.

31 Est-il important que bébé soit actif?

QUESTION STUPIDE ! NOUS vivons dans une société où il y a deux sortes de personnes : les gagneurs (on dit de préférence *winners*) et les perdants (on doit dire *loosers*). Le devoir des parents est-il de former des *loosers*? Non. Il faut donc des bébés dynamiques, actifs et pleins d'entrain. Si vous n'êtes pas convaincus, regardez les pubs. Pour la méditation, allez voir du côté de Katmandou, mais la mode est franchement passée.

Si l'on veut être un peu plus sérieux, il est clair qu'un grand nombre de psychologues ont beaucoup insisté sur la nécessité de l'action pour comprendre le monde. Les pédagogies modernes sont en général fondées sur l'action et chacun sait par exemple que dans les amphithéâtres bondés, les étudiants n'apprennent pas grand chose. Mais qu'en est-il dans les premiers mois de la vie? Jusqu'au moment où ils peuvent coordonner leur œil et leur main, les bébés sont incapables d'une action efficace sur leur environnement. Ils ne peuvent donc rien apprendre? Ils ne sont donc pas intelligents? C'est un peu ce que l'on a pensé pendant longtemps. Il fallait attendre que le bébé puisse produire des transformations de son environnement pour le comprendre, un peu comme le chercheur en physique transforme la matière pour mieux la connaître. Il est bien certain qu'à voir l'application que mettent certains bébés d'un an à manipuler des objets, on se dit qu'ils ne sont pas seulement en pleins travaux manuels, mais qu'il y a en cours une réflexion profonde sur les propriétés intrinsèques et relationnelles de la matière, sur les causes et les effets.

Pourtant, nous savons qu'avant de pouvoir produire ce type de transformation, les bébés apprennent beaucoup de choses. Comment font-ils? Deux types de réponses ont été apportées à cette question. La première est qu'ils ont des connaissances et des compétences innées. Elle n'est guère satisfaisante parce que pendant ces cinq premiers mois de la vie, on constate des progrès importants dans les capacités des bébés. La seconde est qu'ils apprennent les choses de deux manières actives : l'habituation et le conditionnement (*voir question* « Comment les chercheurs savent-ils tout cela? »). Par l'habituation : les bébés décident de regarder quelque chose qui les intéresse, ils mobilisent leur attention, ils décident de cesser de regarder. Par ce moyen, ils apprennent. Par le conditionnement : ils agissent, d'abord inconsciemment, sur leurs parents, et repèrent ensuite des relations de causalité entre leur action et ses conséquences. Ne pouvant guère agir sur leur environnement physique, ils agissent sur leur environnement social, et constatent les effets de leur action.

Dans tous les cas, l'activité est nécessaire à la connaissance, et au développement des connaissances, mais pour en venir à la question initiale, tout le problème est dans le degré et la forme de l'activité. Le bébé d'un an qui reste calmement à explorer son jouet sera facilement qualifié de passif, comme le bébé de deux mois qui se contente de regarder son environnement. Il ne l'est pas nécessairement, il ne l'est pas en permanence. Le « brise-tout » de dix-huit mois dont les expériences sur la physique des solides concernent surtout les limites physiques de la solidité sera évidemment qualifié d'actif, mais si l'action a pour but la connaissance, il faut nécessairement le temps du constat des conséquences de l'action. Il s'agit alors nécessairement d'un temps sans action, souvent d'un temps d'attente. L'hyperactivité n'est donc pas une condition favorable à la connaissance et l'action pour l'action ne peut pas mener à la connaissance. Un problème que se posent actuellement les chercheurs est de savoir si la volonté de présenter aux bébés un maximum de stimulations n'est pas une cause de cette hyperactivité, et si en voulant trop bien faire du point de vue de l'apprentissage du monde aux bébés, on ne leur apprend pas à ne jamais arrêter l'action, à chercher toujours plus de stimulation, et en fin de compte à ne pas apprendre. Il semble que vers quatre ou cinq mois, les bébés sachent attendre, mais qu'après neuf mois, une bonne partie d'entre eux soient devenus impatients. C'est peut-être un peu tôt pour former des êtres pressés-stressés.

32
Les bébés sont-ils plus éveillés aujourd'hui qu'hier (et donc moins que demain ?)

Il existe un phénomène tout à fait mystérieux dans le développement des enfants français, du moins tel qu'on le décrit habituellement : les bébés sont de plus en plus éveillés, ont des performances cognitives sans rapport avec celles des légumes des générations précédentes, et en même temps, le niveau scolaire, c'est bien connu, ne cesse de baisser ! Problème : à quel âge (hélas probablement précoce) devient-on idiot ? Problème crucial, sur lequel (encore hélas) les psychologues n'ont guère l'air de se pencher.

À moins que... au moins une de ces affirmations ne soit fausse. Concernant la seconde, si l'on a pu donner à un livre le titre *Le Niveau monte*, ce n'est pas sans arguments. Le meilleur de ces arguments est sans doute fourni par les tests de l'armée. Celle-ci est obligée de procéder à des révisions régulières, parce que le niveau de réussite des jeunes du contingent à ces tests monte régulièrement. Comme le niveau de réussite aux tests est étroitement lié à la réussite scolaire, il semble plutôt que le niveau s'élève.

On peut dès lors se demander quelles sont les cause de cette progression, et si elle ne commencerait pas dans la période de la prime enfance. Cela nous ramène à notre question principale : plus éveillés ou pas? La réponse donnée par la *vox populi* à cette question est très claire et affirmative. La réponse donnée par la recherche est inexistante, du moins à ma connaissance.

Il faut donc être très prudent, mais il y a néanmoins quelques raisons de penser que la *vox populi* n'a pas tout à fait tort. En effet, nous savons que la manière dont le milieu familial interagit avec le bébé a une influence sur son développement. Nous savons aussi que depuis vingt ans, la proportion des naissances résultant d'un choix a augmenté, que la natalité a baissé, que les conditions matérielles de l'éducation des enfants se sont considérablement améliorées et, qu'en conséquence, les conditions psychologiques de l'éducation se sont elles aussi améliorées. Mais nous savons en même temps que la probabilité pour que l'on remarque une conduite particulièrement astucieuse de la part d'un bébé est d'autant plus grande que l'on regarde les bébés, ce qui est sans doute davantage le cas actuellement que dans les années quarante. Est-ce que en retour, ce regard est susceptible d'accélérer le développement? On peut le penser, si l'on n'est pas trop innéiste, mais il serait souhaitable d'avoir des observations comparables portant sur des périodes différentes, ce qui pour le moment manque et est évidemment difficile à réaliser. Par contre, si l'on est très innéiste, on pensera volontiers que tout cela n'est qu'apparence, et que les bébés semblent plus éveillés simplement parce que l'on s'intéresse plus à leur éveil. Le niveau ne saurait monter ou baisser qu'à l'échelle de l'évolution génétique de l'espèce, ce qui demande un certain temps. Il faudra alors expliquer pourquoi les mêmes tests ne donnent pas les mêmes résultats en moyenne à quelques années d'intervalle. Être innéiste est toujours reposant, mais pas toujours facile.

33
Faut-il parler bébé à bébé ?

VOILÀ UNE QUESTION QUI N'A pas le mérite d'attirer des réponses nuancées. Pour certains, le but de l'éducation n'étant pas de laisser les bébés là où ils en sont, mais de les faire progresser, il faut éviter de s'adresser à eux dans un langage simplificateur, et leur donner le plus rapidement possible l'exemple de la belle langue. Pour d'autres, la question est aussi stupide que celle de savoir s'il faut parler turc aux Turcs, chinois aux Chinois, ou bien anglais dans un congrès.

Si l'on veut bien prendre le problème calmement, il est clair tout d'abord que les premiers mots adressés aux bébés le sont par des personnes qui sont parfaitement conscientes de l'incapacité des bébés à comprendre le sens des mots employés. Il est remarquable que cette conscience n'empêche absolument pas des personnes apparemment sensées de faire de grands discours à un bébé. Pourquoi ? parce que l'on sait que ce qui est important, c'est la tonalité, la musique des mots, et la richesse des expressions qui accompagne ce discours souvent répétitif. Un jeu auquel se livrent assez souvent les parents est d'ailleurs de manipuler la contradiction entre le contenu verbal et la tonalité du dialogue. Un bébé de quatre mois qui rit aux éclats ignore ainsi qu'il est en train de se faire traiter de crapule, de chipie, de petit monstre, de sale gosse, ou de bien d'autres nom d'oiseau.

Ce fait d'observation courant incite à deux réflexions. La première consiste à se demander pourquoi une telle attitude est aussi spontanée et générale. Elle n'est d'ailleurs pas la seule, beaucoup de manières de s'adresser à un partenaire ne sont pas les mêmes quand on s'adresse à un bébé. On retrouve cette spécificité dans toutes les civilisations, chez les hommes aussi bien que chez les femmes, et chez les enfants de huit ans aussi bien que chez les adultes. Il semble donc que le fait de s'adresser aux bébés d'une manière particulière ne soit pas réservé aux personnes légèrement demeurées de notre société, mais ait un caractère général (et transculturel) qui conduit à penser qu'il pourrait s'agir d'une conduite adaptée. La seconde réflexion porte sur ce caractère adaptatif, et les sources de la connaissance de ces adultes ou de ces enfants qui ont spontanément (ou se retiennent pour ne pas avoir) des conduites de ce genre. En ce qui concerne l'origine des connaissances, elle reste actuellement assez mystérieuse. Par contre, concernant le caractère adaptatif, une analyse un peu précise du langage en fait adressé au bébé est très éclairante.

Il ne faut en effet pas confondre « parler bébé » et « parler bébé » et savoir de quoi l'on parle. D'un côté, on trouve le « pipi-caca-popo », et de l'autre, une manière typique de s'adresser aux bébés qui consiste à s'adapter à son partenaire. La première caractéristique de cette manière de parler est un déplacement des sons vers les aigus. La deuxième est la lenteur du discours et le caractère hautement répétitif des phrases et des mots prononcés. La troisième est l'intonation très particulière et plus marquée. La quatrième est l'ampleur des mouvements de tête et des expressions du visage qui accompagnent le « parler bébé ». Ces caractéristiques ont tout simplement le mérite de constituer des conditions optimales de réception par les bébés des stimuli sensoriels concernés. En fonction de cela, la réponse à la question est donc claire, il faut parler bébé aux bébés, comme il faut parler turc aux Turcs… mais pas comme on a parlé petit nègre aux Africains.

Voilà justement la base du désaccord signalé au début de cette réponse, et les limites de la réponse « oui » proposée ci-dessus. De même qu'il est souhaitable et même important de parler aux bébés qui ne comprennent pas les mots, et de parler bébé à ceux qui commencent à pouvoir les utiliser, il est important de faire progresser leur vocabulaire au fur et à mesure que les bébés progressent, en ayant toujours une longueur d'avance sur eux, plutôt que de les traiter comme les colonialistes ont traité les Africains qu'ils jugeaient *a priori* incapables d'apprendre un français correct. L'important est dans cette marge, ni trop grande ni trop faible, entre les compétences de bébé et les difficultés du langage qui lui est adressé, et qui le fera progresser. Ce n'est pas parce que certaines grand-mères ayant un léger besoin de recyclage sur les compétences linguistiques d'un enfant de trois ans et demi lui parlent bébé qu'il ne faut pas parler bébé aux bébés.

34
Comment les bébés apprennent-ils à parler ?

L'APPRENTISSAGE DE LA PAROLE a toujours fasciné les psychologues, dans la mesure où il s'agit d'une spécificité humaine, et en raison des liens étroits entre langage et pensée (pour ceux qui possèdent un langage). La meilleure illustration de cet intérêt est le bruit fait par les recherches sur l'apprentissage de « langages » par les singes supérieurs. Si les chercheurs qui ont mené ce type d'expériences ont pour la plupart beaucoup insisté sur les limites de l'utilisation du langage des sourds-muets ou des mots en plastique par les chimpanzés, beaucoup de leurs lecteurs, et en particulier certains journalistes, ont au contraire été fascinés par les capacités d'abstraction parfois mises en jeu, que l'on supposait auparavant spécifiquement humaines. Mais précisément, si la pensée sans langage avait été sous-estimée, aussi bien chez l'animal que chez le bébé, l'expérience montre qu'aucune espèce autre que l'homme n'a de véritable accès à un langage. Dès lors l'enjeu théorique du mode d'acquisition est considérable.

On a d'abord pensé que cette acquisition se faisait par simple imitation des adultes, et il est de fait que le milieu humain est une condition nécessaire à cet apprentissage. On a ensuite fait remarquer que l'imitation ne saurait suffire, et que les nouveau-nés humains semblaient être préprogrammés à l'apprentissage d'une langue. D'une part, les bébés semblent organiser les sons de parole comme les adultes, d'autre part, quand ils commencent à babiller, ils produisent tous les sons possibles de toutes les langues.

> Sur le premier point, une série d'expériences utilisant la technique de succion de haute amplitude (*voir question* « Comment les chercheurs savent-ils tout cela ? ») a permis de montrer que les nouveau-nés catégorisaient les sons de parole d'une manière correspondant à ce qui se passe chez l'adulte. Si le fait de sucer plus fort que son amplitude de base permet au bébé d'entendre la syllabe « ba », il augmente effectivement l'amplitude de sa succion, puis revient au niveau de base. Si à ce moment-là on lui présente la syllabe « pa », on constate une recrudescence de l'amplitude de succion. Sur cette base, on peut montrer que les capacités de discrimination des bébés correspondent à des sons syllabiques existant dans les langues naturelles, mais que ces capacités n'existent pas pour des sons non syllabiques. Toutefois, on a aussi pu montrer que cette capacité de discrimination et d'organisation très fine existe aussi pour des sons musicaux. Les bébés humains semblent plutôt être préparés à organiser les sons d'une manière générale que les sons de parole en particulier. On retrouve la même aptitude pour les couleurs (*voir question* « Les bébés voient-ils en noir et blanc ou en couleur ? »).

L'imitation des adultes joue un rôle dans la production des sons de la langue, puisque bien avant de parler, les bébés produisent des sons qui ressemblent de plus en plus aux sons de leur langue maternelle, et ils perdent peu à peu leur aptitude à produire des sons d'autres langues. En même temps, ils acquièrent la capacité de faire la différence entre leur langue et une autre, alors qu'ils sont incapables de faire la différence entre deux autres langues que la leur. Avant de parler français (par exemple), les bébés babillent en français. Mais il ne s'agit pas pour autant d'une simple imitation passive.

Les parents, lorsque bébé produit un son qui ressemble (parfois très vaguement) à un mot de la langue vont renforcer ce mot en le répétant plusieurs fois. Si, peu avant l'heure de son repas, bébé dit « gé », sa mère lui répondra : « Ah ! Tu dis manger ! Tu veux manger ! Mais maman te fait à manger, tu vas manger. Bien sûr, il veut manger, il a le droit de manger, etc. » Au cours de cette phase, s'il peut arriver à l'enfant d'imiter la mère, il arrive beaucoup plus souvent que la mère imite l'enfant. Simplement, elle l'imite « mal » et tire son enfant du babillage vers le langage. Cette canalisation de l'activité vocale n'est pas simplement un passage de « mots » sans signification à des mots de la langue. L'adulte insiste sur les césures entre les mots, ce qui permet au bébé d'apprendre comment les mots de sa langue se découpent (un adulte est incapable de repérer les césures dans une langue qu'il ignore, si elle est parlée à vitesse normale). L'adulte articule également bien les syllabes, qui semblent être l'unité de base caractéristique de la langue.

Pour communiquer efficacement, il ne suffit pas de prononcer les mots de la langue, il faut le faire au bon moment. Un des premiers enseignements que les mères semblent transmettre aux bébés est la prise de tour. Point n'est besoin de savoir parler pour prendre (et attendre) son tour. Dans la période du babillage, les mères alternent ainsi les périodes où elles parlent et celles où elles écoutent. Il semble même que l'on observe les débuts de cette alternance, première forme de dialogue, dans l'allaitement : bébé s'arrête de téter, sa mère le secoue légèrement, il reprend. Aucun besoin alimentaire ni respiratoire ne justifie l'arrêt. Aucune nécessité physiologique particulière ne justifie les secousses. C'est déjà un dialogue… tonique.

Enfin, ce qui semble le plus compliqué dans l'acquisition d'une langue, ce sont les règles grammaticales. Certes les bébés ne parlent pas très rapidement comme Vaugelas, mais ils acquièrent les règles de base de la syntaxe avec une vitesse qui pose quelques problèmes aux théoriciens. Il semble bien qu'une base innée explique cette aptitude à organiser les mots, mais la structure des jeux communs entre parents et enfants, et accompagnés de verbalisations de la part des parents, quand elle est analysée finement, montre une certaine syntaxe qui pourrait aider l'enfant à acquérir le langage. Il reste pourtant beaucoup à faire dans ce domaine avant d'y voir plus clair.

35
Faut-il s'inquiéter si un bébé parle très peu ?

La réponse à cette question est très simple et sans ambiguïté : non… et oui. La réponse non s'explique en référence à la vitesse d'acquisition du vocabulaire. Les bébés peuvent dans ce domaine suivre différentes voies. Celle qui semble la plus simple commence par l'apprentissage du mot « papa », suivi du mot « maman » et ensuite d'un certain nombre de mots moins importants, mais de plus en plus nombreux, la deuxième année étant particulièrement prolifique dans ce domaine. Mais il peut arriver que certains bébés disent « maman » avant « papa », ce qui n'est pas un signe d'anormalité trop grave. Il peut aussi arriver que pendant de longs mois les bébés restent dans le plaisir d'un babillage qui, pour leur procurer des satisfactions évidentes, ne favorise pas la communication avec leurs parents et encore moins avec des étrangers qui, étant encore moins au fait de ce dialecte, peuvent avoir la charité d'alerter les parents sur la langue folklorique parlée par le petit (ou la petite). Je connais peu de vieillards qui en soient restés à ce système de langage, et donc la langue, la vraie, viendra un jour chez ces jeunes enfants. Il y a aussi des enfants qui se distinguent par le faible niveau de leurs productions vocales à un âge où d'autres babillent régulièrement, et d'autres encore ont un vocabulaire qui fait la fierté de leurs parents et étonne les amis.

Les bébés en avance dans le vocabulaire à dix-huit mois sont-ils de futurs tribuns politiques et inversement les bébés peu bavards se préparent-ils à être incapables d'aligner deux mots pour répondre aux questions qu'on leur posera à l'école ? La réponse à cette question est que le niveau du vocabulaire dans la deuxième année n'est pas prédictif du niveau de langage ultérieur. Il existe donc des « retards » qui n'ont rien d'inquiétant.

Mais il existe aussi une autre sorte de bébés peu bavards, qui ne semblent pas prêter attention à ce qui leur est dit, qui semblent vivre dans un autre monde, et qui semblent particulièrement têtus quand on leur interdit de faire quelque chose, au point qu'il faut crier pour se faire entendre d'eux. Dans ce cas, il convient de s'inquiéter et de les soumettre à un examen médical. Ils peuvent tout simplement être partiellement ou complètement sourds. Si en effet les parents, et le corps médical, se rendent rapidement compte qu'un enfant est aveugle, les surdités sont en moyenne détectées de manière beaucoup plus tardive, et en relation avec l'apprentissage de la parole. L'absence de réaction aux sons n'inquiète pas dans les premiers mois, en particulier les parents dont c'est le premier enfant, parce que les sons sont souvent liés à d'autres formes de stimulations (visuelles, tactiles) auxquelles l'enfant réagit. Claquer des mains ou claquer une porte sans se faire voir peut être un test révélateur en cas de doute.

36
Comment faire de votre bébé un futur PDG?

Il est important de bien prendre conscience du fait que le nombre d'entreprises en France est faible, qu'il n'est pas en augmentation, quel que soit le discours en faveur des PME, et enfin, que le nombre de PDG n'est pas significativement supérieur à celui des entreprises. La probabilité pour que votre petit génie plein d'entrain devienne PDG est donc objectivement relativement faible, surtout si vous ne pouvez pas lui transmettre l'entreprise familiale. Par ailleurs, la vie de PDG est un enfer. Souhaitez-vous réellement que vos vieux jours soient endeuillés par l'infarctus fatal de celle (ou celui) pour qui vous vous dévouez tant? Je vous aurai prévenu(e).

Un bon PDG doit savoir envisager avec le plus grand calme les situations les plus imprévues et les plus difficiles. Il doit savoir écouter avec beaucoup d'attention les points de vue de chacun, y compris les plus originaux et prendre des décisions fermes et définitives, sur lesquelles il sache revenir quand il s'avère qu'il s'est trompé. Quel climat familial est susceptible de favoriser le développement de telles capacités?

Concernant l'attention du futur chef, il semble que l'éducation de cette attention passe par ce que j'ai appelé l'ajustement maternel (*voir question* « Faut-il être à l'écoute de son bébé vingt-quatre heures par jour ou plus ? ») c'est-à-dire un suivi des relations entre l'enfant et les objets qu'il explore, visant à ne pas le laisser s'ennuyer, certes, mais aussi à ne pas lui proposer, de manière incessante, de nouveaux centres d'intérêt. Un PDG doit pouvoir étudier chaque dossier à fond.

Pour ce qui est de l'aspect novation et liberté d'esprit, les recherches effectuées sur des enfants un peu plus âgés sont intéressantes. Ces recherches ont en effet montré une influence du mode de fonctionnement du milieu familial sur le développement intellectuel.

En fonction d'un certain nombre de données recueillies sur les familles, on peut par exemple classer les milieux familiaux en trois types : rigide, souple, et faiblement structuré. On peut synthétiser la manière dont fonctionne un milieu familial en disant qu'il est rigide quand il existe des règles de fonctionnement dont on ne déroge que s'il y a le feu, et tout manquement aux règles est puni. Au contraire ce milieu peut être décrit comme faiblement structuré si à tout moment, tout peut se produire, et suivant les jours, la même action passera inaperçue ou bien sera récompensée ou bien encore sera punie. Enfin, certains milieux familiaux peuvent être caractérisés comme souples : il existe des règles que l'on est prié de suivre, mais l'application de ces règles est modulée par les circonstances. L'expérience montre que le troisième type de fonctionnement est le plus stimulant pour le développement intellectuel et la créativité.

Enfin, en ce qui concerne l'autorité, les bébés en général n'en manquent pas, mais allez savoir pourquoi, les adultes n'aiment pas cela. Qui veut réellement un futur PDG ?

37
Pourquoi bébé s'attache-t-il à ses parents ?

Il existe des gens que leur matérialisme de bas étage conduit à attribuer à l'espèce humaine des motivations qui ne sont guère honorables. Ainsi donc, il fut une époque, maintenant heureusement révolue, où la majorité des théoriciens pensaient que les bébés s'attachaient à leur mère nourricière pour la simple raison qu'elle les nourrissait. On s'aperçut ensuite que des bébés malades, bien nourris et bien soignés dans de très beaux hôpitaux américains à l'hygiène irréprochable, où on les protégeait efficacement des microbes en les isolant le mieux possible mourraient de détresse. Cela donna l'idée que l'attachement et le besoin de contact social étaient sans doute un phénomène spontané, indépendant de la nourriture.

Cette idée a été confirmée par une série d'expériences faites sur des singes macaques. Dans certaines de ces expériences, on isolait complètement un jeune singe pendant une durée plus ou moins longue. Les dommages psychologiques augmentaient avec la durée. Mis en présence de congénères, ces singes étaient asociaux, ne jouaient pas avec les autres mais se repliaient dans un coin ou agressaient. Devenus adultes, ils étaient incapables de relations sociales et en particulier sexuelles normales et les femelles qui avaient néanmoins des petits les battaient tellement qu'on était obligés de leur retirer.

Dans une autre expérience, on laissait le singe seul avec deux substituts de mères : l'un en grillage, l'autre en tissus. Le biberon qui permettait au jeune singe de s'alimenter était placé sur la « mère » en grillage, mais les jeunes singes passaient plus de temps sur la « mère » en tissus à chercher le contact. Aucune reconnaissance du ventre.

Enfin, des expériences comparatives ont montré que les jeunes singes étaient plus socialement adaptés s'ils étaient élevés entre pairs, sans mère, qu'avec une mère, sans autres contacts sociaux. Tout le monde n'a pas la chance d'être orphelin !

Il faut être prudent dans les transpositions de l'animal à l'homme et le type d'expérience que l'on a fait sur les macaques n'est évidemment pas imaginable pour des raisons éthiques chez le bébé humain (au vu des résultats, on ne les referait d'ailleurs pas chez le macaque). Mais des observations plus directes ont montré que les conditions dans lesquelles s'effectuait cet attachement du bébé pour ses parents dépendaient du fonctionnement du milieu familial. L'angoisse de séparation que peut ressentir une mère se transmet très bien à son enfant. Réciproquement, les mères tranquilles ont plutôt tendance à avoir des enfants que la séparation laisse dans un état d'esprit très libéral : il faut bien laisser de temps en temps les mères jouer dans leur coin.

38
Et la querelle entre l'inné et l'acquis?

La réponse que l'on a envie de donner à cette question est qu'il n'y a pas grand-chose à en faire. Il est pourtant nécessaire d'aller plus loin ; procédons par étapes.

La vision traditionnelle du développement telle qu'on la trouve dans les écrits du XIXe siècle et dans la « sagesse populaire » (ce que j'ai parfois personnifié dans ce livre par « ma grand-mère ») est très innéiste. Elle ne l'est pas seulement pour le début de la vie largement ignoré, mais pour tout le développement.

Dans le courant de ce siècle on a vu se développer des tendance anti-innéistes fortes, en particulier chez les enseignants qui ont mis tous leurs espoirs dans les développements de l'école de Jules Ferry comme machine à réduire les inégalités. Tout le monde possède la même intelligence, et ceux qui pensent le contraire sont des débiles. Tel était le credo.

Parallèlement à cela s'est mise en place une psychologie du développement dite « constructiviste » dans laquelle le sujet se construit dans ses interactions avec le milieu. Plutôt le milieu physique pour les uns, plutôt le milieu social pour les autres. Dans tous les cas il s'agissait en un sens d'une position de synthèse. En un sens seulement, parce qu'il s'agissait aussi de dépasser le problème dans son expression traditionnelle. Le constuctivisme implique en effet que l'on ne raisonne pas en parts de marché, comme on l'a fait très longtemps (quelle est la part de l'inné et la part de l'acquis ?) mais en processus dynamiques qui partent du potentiel inné, lequel ne peut se réaliser que par l'histoire des interactions avec le milieu. Il n'y a pas de parts, mais des conditions nécessaires.

Tout serait donc allé pour le mieux dans le meilleur des mondes constructivistes, mais un renouveau des difficultés s'est présenté, évidemment par la faute des bébés. En effet, les constructivistes décrivaient un développement très lent du bébé et de ses capacités mais on a montré dans les vingt dernières années que ce qui semblait acquis ainsi progressivement l'était dans certains cas de manière précoce. L'innéisme a très rapidement pris un coup de jeune, sous une forme nouvelle : le « nativisme ». Il ne s'agit plus de savoir si l'intelligence de l'enfant de douze ans ou de l'adulte est déterminée de manière génétique ou sous l'effet des influences sociales. Il s'agit de dire que cette intelligence est présente sous la forme de la connaissance des règles de base du fonctionnement des milieux physiques et sociaux dès la naissance. Dans ces conditions, la psychologie du développement n'a pas d'intérêt majeur. Ce qu'il faut, c'est simplement comparer un état initial (le jeune bébé) à un état stable (l'adulte).

Ce dernier point de vue est lui-même très contestable. En effet, pour la majorité des connaissances précoces des bébés, nous ne savons pas bien si elles sont effectivement présentes à la naissance ou si elles se mettent en place très vite dans les jours et les semaines qui suivent. Ce que nous savons par contre, c'est que certaines d'entre elles sont absentes à la naissance et présentes à quatre mois. Ce que nous savons également, c'est que les bébés sont capables d'apprendre très vite dans ces premières semaines de vie, et que, contrairement à ce que l'on avait supposé antérieurement, agir sur les objets n'est pas nécessaire pour les comprendre.

Le paradoxe simple dans lequel nous sommes actuellement est que s'il existe une capacité innée non récusable, c'est la capacité à apprendre. Au-delà, si l'on affirme l'existence à la naissance de capacités très construites, on risque fort de dire des bêtises. Si l'on prend l'exemple de l'acquisition du langage, l'espèce humaine est la seule à pouvoir acquérir une langue. Le langage est donc *complètement inné*, mais il faut se trouver dans le milieu social adéquat pour l'acquérir, il est donc *complètement acquis.*

39
« En matière d'éducation, quoi que l'on fasse, on fait toujours mal »... Vrai ou faux ?

C'EST CE QU'AFFIRMAIT UN CERtain Freud. On pourrait compléter la question en demandant si au contraire quoi que l'on fasse on fait toujours bien, ce qui était en gros l'opinion des psychologues les plus innéistes, accordant à la maturation un rôle tellement capital que rien ne pourrait l'arrêter.

J'aurais tendance à penser que, bien évidemment, les deux ont tort, mais que en un sens, ils disent la même chose, et ont en partie raison. Je m'explique. Ils ont tort dans la mesure où une telle opinion met sur un pied d'égalité, positif ou négatif, toutes les attitudes éducatives possibles. Nous avons tout de même quelques raisons de penser qu'il est préférable de donner des caresses que des coups de bâton à son bébé. Nous avons même quelques raisons de penser qu'il est préférable d'aimer son enfant que de le détester.

Les maturationnistes ont tort en cela que leur confiance correspondant à une méconnaissance des premiers mois du développement et à des observations portant essentiellement sur des enfants placés dans des conditions éducatives pas trop mauvaises. Effectivement, si vous n'êtes pas trop pervers(e) et que vous n'infligez pas à votre bébé de sévices patents, les deux phrases apparemment contradictoires ci-dessus peuvent s'appliquer sereinement, mais on suppose alors qu'un nombre minimal de conditions éducatives sont réunies. Néanmoins, Freud a tort dans la mesure où en soulignant les conséquences négatives d'attitudes dictées par les meilleures intentions, il pose comme principe le risque de considérer à égalité des attitudes éducatives qui ne sont pas vraiment équivalentes. Ce risque est toutefois faible dans la mesure où cette position est tout de même difficile à considérer autrement que comme une boutade. Elle a peut-être, en tant que telle, le mérite de déculpabiliser les parents, alors que les psychanalystes ont été souvent accusés de les culpabiliser outrageusement. Dans les deux cas, la position prise a, pour son auteur, un grand mérite : celui d'éviter de donner des conseils.

Car Freud (et dans une certaine mesure les maturationnistes) ont raison en ceci que l'on ne peut et ne doit donner des conseils que si l'on est sûr que le fait de les suivre n'a pas d'effets pervers, d'autant plus que celui qui les donne n'est pas là pour contrôler les bonnes conditions d'application de ses conseils. En effet, le bébé, puis l'enfant, constitue un système qui a deux propriétés importantes : d'une part une grande complexité, d'autre part une dynamique de régulation propre. Ce système est intégré dans un système familial, lui-même très complexe et ayant aussi sa dynamique et ses régulations. Dans ces deux systèmes, il existe deux règles de fonctionnement fondamentales. La première de ces règles est que la causalité ne joue jamais de manière univoque. En d'autres termes, tout ce qui a des effets positifs a aussi des effets négatifs. C'est finalement le sens de l'affirmation de Freud. La seconde règle est que l'on n'est jamais sûr de la relation d'intensité entre l'action et ses effets.

Nous ne sommes plus aujourd'hui au temps de Freud, et nous avons appris beaucoup sur le fonctionnement psychologique des bébés, mais tous nos savoirs sont très localisés et très partiels, et nous n'avons pas une vue d'ensemble du fonctionnement de ces systèmes suffisamment claire, ce qui est la condition nécessaire pour donner de bons conseils. En l'absence de cette vision globale, les meilleurs conseils que nous pouvons donner risquent toujours d'être dictés par l'observation clinique de quelques cas particuliers ou la connaissance plus précise d'un aspect du fonctionnement psychologique qui, pour être important, n'en est pas pour autant l'alpha et l'oméga de ce fonctionnement.

Le meilleur exemple que l'on puisse donner de ce problème est sans doute celui de la stimulation (*voir question* « Faut-il apprendre le japonais au fœtus ou seulement à bébé ? »). Parce que l'on a constaté que le manque de stimulation sur des jeunes bébés pouvait avoir des effets délétères sur leur développement, on en a conclu que plus on stimulait, mieux c'était. Le vieux précepte suivant lequel le mieux est l'ennemi du bien ne dit rien d'autre que le fait qu'il est important de respecter des équilibres.

Les recherches sur le développement cognitif du bébé et de l'enfant se sont surtout faites aux États-Unis, et l'on a vu éclore, comme conséquences de ce développement, des quantités de livres de conseils et d'écoles pour parents. En gros, les Américains se sont aperçus que l'éducation des jeunes enfants était une activité beaucoup trop importante pour être laissée aux parents.

La question que pose une telle attitude est à mon sens la suivante : en savons-nous assez sur le développement des fœtus et des bébés pour dire aux parents qu'ils doivent oublier les réflexes de parentage intuitifs qui se sont exercés depuis des millénaires dans l'espèce et les remplacer par des règles apprises, mieux adaptées car résultant d'une connaissance scientifique du développement ? À mon sens, la réponse à cette question est non. Elle l'est d'autant plus que parmi nos connaissances scientifiques, il y a celles qui portent sur ces réflexes de parentage intuitifs dont nous savons qu'elle sont adaptées à des propriétés du fonctionnement du nourrisson que la plupart des parents ignorent. Par exemple, peu de parents savent que les capacités auditives des bébés sont décalées vers l'aigu par rapport à celles de l'adulte. Ils utilisent néanmoins une tonalité plus aiguë pour lui parler. Peu de parents savent que l'acuité visuelle des bébés est faible. Ils placent néanmoins leur visage près du leur et exagèrent leurs mimiques quand ils lui parlent.

En résumé, ma réponse à la question est que quoi que l'on fasse, on a des chances de faire bien, mais que la volonté de bien faire n'est jamais une garantie.

40
Quels sont les grands noms de la psychologie du nourrisson ?

Le parti-pris de cet ouvrage est de citer le moins possible de noms pour ne pas alourdir le texte, mais il est néanmoins nécessaire de donner un aperçu de la recherche dans ce domaine et des noms qui l'ont marqué.

En France, il est clair que le grand nom est celui d'un Suisse de langue française : Jean Piaget (1896-1980). On savait très peu de choses sur le bébé et des choses bien vagues en 1936 quand est paru un livre révolutionnaire et difficile : *La Naissance de l'intelligence chez l'enfant*, suivi un an plus tard d'un second livre qui complète le premier : *La Construction du réel chez l'enfant.* Ces deux ouvrages, qui ont été suivis de beaucoup d'autres, sont à la fois fondés sur un très grand nombre d'observations minutieuses des trois enfants de Piaget et sur une théorie qui fait de l'intelligence un prolongement de l'adaptation biologique. Biologiste et épistémologue, Piaget se demandait comment se créait une idée nouvelle, et donc comment fonctionne un chercheur. Mais les mécanismes en jeu dans l'invention d'une théorie ou d'une technique nouvelle sont très complexes et difficiles à comprendre. Piaget a donc eu l'idée originale de voir en quelque sorte comment on en arrive là, en commençant par le début. C'est en voulant décrire en détail le début de l'organisation de la pensée qu'il a été le premier à faire une psychologie de l'intelligence du nourrisson qui soit réellement construite.

Il n'est pas possible de résumer ici une théorie aussi riche et complexe, j'en signalerai simplement quelques points forts. Le premier est que l'intelligence du bébé (au sens où elle a été rapidement définie dans la question : « Les bébés sont-ils intelligents? ») naît de l'action de celui-ci sur son environnement. Piaget n'est ni un innéiste ni un environnementaliste : pour lui, à la naissance, le bébé possède des capacités limitées, y compris du point de vue sensoriel, mais très rapidement il va faire des apprentissages, par l'action, à partir des premiers réflexes. Dans un premier temps, ces apprentissages restent isolés. Les différentes modalités sensorielles fonctionnent de manière séparée, le bébé vit dans l'instant, et son monde varie en permanence. Les objets n'ont ni de permanence quand ils ont disparu, ni même d'existence réelle puisque les informations provenant des différents sens ne sont pas coordonnées. Un grand tournant dans la première année va être la coordination entre la vision et la préhension. À partir de là en effet, les sens se coordonnent et le bébé pouvant agir efficacement va pouvoir beaucoup apprendre. Il va acquérir des habitudes, et vers la fin de la première année, on peut parler réellement d'intelligence : le bébé comprend une grande partie des règles de fonctionnement du monde physique dans lequel il vit.

Piaget n'a pas seulement eu une influence sur la psychologie du nourrisson, mais sur l'ensemble de la psychologie du développement, et sur l'ensemble de la psychologie de langue française. Sa théorie a en effet une portée très générale. Aujourd'hui encore, il reste la référence pour un certain nombre d'auteurs, ne serait-ce que pour le critiquer. Sur le développement en général et sur le bébé en particulier, nos conceptions ont beaucoup changé et il ne reste pas grand-chose des réponses qu'a apporté Piaget aux questions qu'il s'était posées. Par contre, on n'a pas posé beaucoup de nouvelles questions. Il avait su trouver toutes les bonnes, ce qui en science est essentiel.

Le deuxième nom important, mais moins essentiel, est celui d'un Anglais appelé Tom Bower. Sa théorie est à l'inverse de celle de Piaget, et il a été le premier à remarquer les compétentes innées ou précoces du bébé, compétences que l'on ne le supposait pas au moment de ses premiers écrits, dans les années soixante. Il s'est en particulier beaucoup intéressé à la perception, et il a inventé un nombre considérable d'expériences plus astucieuses les unes que les autres. Il a toutefois été très critiqué parce que, homme inventif et pressé, il n'a pas toujours pris les précautions méthodologiques nécessaires, et ses résultats n'ont pas toujours pu être confirmés. Les chercheurs américains, méthodologistes purs et durs, ne veulent plus entendre parler de Bower, ce qui leur donne le bénéfice secondaire de faire des découvertes que très souvent il avait déjà faites. Il est vrai qu'il est important d'avoir tous les éléments de preuve souhaitables pour affirmer l'existence d'une capacité précoce, mais l'histoire rendra sans doute justice à ce génie un peu trop pressé.

Aller au-delà de ces deux noms serait hasardeux, car on risquerait de mécontenter beaucoup de monde. En effet, dans les années soixante, aux États-Unis, la recherche sur les nourrissons s'est développée de manière fulgurante, et les découvertes importantes ont été faites dans un grand nombre de laboratoires par des équipes plus nombreuses. Les grands noms correspondent toujours aux débuts de la recherche dans un domaine, il n'y a plus maintenant que des petits… et des moyens.

Où sont faites ces recherches? Pour la plupart encore aujourd'hui aux États-Unis. Il y en a beaucoup plus dans ce pays que dans le reste du monde. En Europe, la Grande-Bretagne domine nettement. En France, il y a quelques équipes de recherche, la plupart dans des universités parisiennes… Mais il y a d'excellents chercheurs en province!

Que lire de plus ?

R. Lécuyer, *Bébés astronomes, bébés psychologues. L'intelligence de la première année,* paru chez Mardaga en 1989.

R. Lécuyer, M.-G. Pêcheux et A. Streri, *Le développement cognitif du nourrisson,* tomes 1 et 2, Nathan, 1994 et 1996.

Pour ceux qui souhaitent connaître mieux le point de vue nativiste : J. Mehler et E. Dupoux, *Naître humain,* Odile Jacob, 1991.

Pour un point de vue plus précis sur les relations entre modalités sensorielles et la motricité : A. Streri, *Voir, Atteindre, Toucher. Les relations entre la vision et le toucher chez le bébé,* PUF, 1991.

De Piaget, on peut lire *La Naissance de l'intelligence chez l'enfant,* Delacheaux et Niestlé, 1936.

De Bower, *Le Développement psychologique de la première enfance,* Mardaga, 1978.

STEDI, 1, boulevard Ney, 75018 Paris
Dépôt légal, Imprimeur, nº 5082
Dépôt légal : janvier 1997
Imprimé en France
Dépôt légal 1re édition : 3e trimestre 1996